D0895922

DANS LE DÉSERT

Né en 1976 à Gap, Julien Blanc-Gras est romancier, journaliste, globe-trotter. Il est l'auteur d'une dizaine d'ouvrages, dont *Touriste* (prix Jackie-Bouquin, prix de l'Archipel de Saint-Pierre-et-Miquelon), *Paradis (avant liquidation)*, *Briser la glace* (prix Philéas Fogg) et *Comme à la guerre*.

Paru au Livre de Poche :

BRISER LA GLACE

COMMENT DEVENIR UN DIEU VIVANT

GRINGOLAND

IN UTERO

PARADIS (AVANT LIQUIDATION)

TOURISTE

En collaboration avec Vincent Brocvielle :

GÉORAMA

JULIEN BLANC-GRAS

Dans le désert

AU DIABLE VAUVERT

ISBN : 978-2-253-90667-4 – 1re publication LGF

« Voyager, c'est découvrir que tout le monde a tort. »

Aldous Huxley
Tour du monde d'un sceptique.

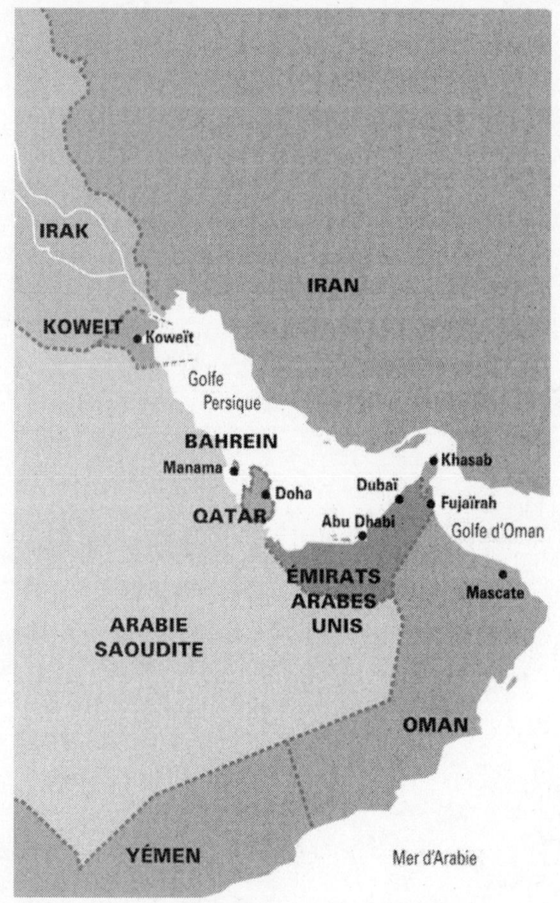
IRAK
IRAN
KOWEIT
Koweït
Golfe
Persique
BAHREIN
Manama
Doha
QATAR
Khasab
Dubaï
Fujaïrah
Abu Dhabi
Golfe d'Oman
ÉMIRATS
ARABES
UNIS
Mascate
ARABIE
SAOUDITE
OMAN
YÉMEN
Mer d'Arabie

Je voue une confiance mesurée à l'être humain. Ce niveau de confiance, fluctuant, tend à diminuer quand je me contente de rester chez moi en consommant de l'information. Dès que je pose le pied sur un autre continent, une bouffée d'optimisme me transporte. Vue de près, l'humanité n'est pas aussi laide qu'elle en a l'air.

Je voyage avec un entêtement méthodique sur cette planète qui, pour minuscule qu'elle soit dans le cosmos, présente l'avantage d'être inépuisable à hauteur d'homme. Les hasards de l'existence et mon goût de l'ailleurs m'ont conduit dans les métropoles globales et les villages oubliés, dans la chaleur tropicale et le froid polaire, dans des régions troublées et des enclaves pacifiques. J'ai fréquenté des palaces et des bidonvilles, descendu des fleuves très sacrés et gravi des montagnes que l'honnêteté me contraint à décrire comme pas trop hautes. Surtout, j'ai partagé des bouts de vécu avec un échantillon assez représentatif de notre espèce.

Si je ne devais retenir qu'un enseignement d'une demi-vie de pérégrinations et de rencontres, ce serait celui-ci : pour peu qu'on soit bien intentionné, où que l'on soit, la bienveillance l'emporte sur le rejet vis-à-vis du visiteur. J'ai traversé les méridiens et on m'a toujours ouvert la porte.

J'ai vu des horreurs, bien sûr, et des miracles aussi. Les belles âmes et les salauds coexistent dans tous les pays (c'est pour cela que je trouve peu pertinent d'être raciste) et toutes les classes sociales (c'est pour cela que je trouve peu pertinent d'être marxiste). C'est ce que nous indique la sagesse la plus élémentaire et je le vérifie à chaque étape.

J'ai longtemps voyagé par égoïsme, pour jouir de la nouveauté permanente qu'offre la route. Les années ont passé, le monde a changé et il m'a changé. Désormais, je me déplace moins pour m'emplir d'expériences que pour entretenir un espoir : ce qui rapproche les hommes est plus fort que ce qui les sépare. Je voyage pour vérifier que je peux nouer des liens avec n'importe qui, et ainsi valider mon identité d'*Homo sapiens* doué d'empathie. Je voyage pour corriger la myopie que nous infligent les écrans. Je voyage pour me rassurer, en somme.

Les mauvais augures se sont déchaînés quand j'ai annoncé mon intention de visiter la péninsule arabique. Moues dubitatives, au mieux. « Que vas-tu faire dans cette galère ? » s'écriait la foule. « C'est la région la plus ennuyeuse qui soit », affirmait un grand baroudeur. Sans compter les inquiets pour ma santé, persuadés que la raison commandait d'éviter ces pays musulmans. Par les temps qui courent, on a vite fait de se faire égorger. C'est moi qui voyage, ce sont eux qui perdent la tête.

En vérité, j'étais bien plus terrorisé par la possibilité de l'ennui que par celle de la décapitation. Cela ferait une belle fin pour un écrivain, ma tête sur l'autel de la littérature. Hélas, il faut se plier aux faits : je me rends dans l'un des endroits les plus sûrs du globe.

Je comprends les Cassandre. Le Moyen-Orient est un nœud géopolitique et chaque journée médiatique achemine son lot de désastres. Je me trouve, à l'heure où j'écris, à dix kilomètres de la ligne de front, au-dessus de ce qui était la Syrie. À dix kilomètres d'ici s'éternise un conflit d'un nouveau genre, qui sème du venin dans les consciences, alimente les angoisses et déborde dans nos rues. Des fous furieux exaltés par leur propre barbarie abolissent l'art et exécutent des enfants qui ont commis le blasphème de regarder un match de foot. D'autres crèvent de faim et tentent de fuir cet enfer où l'islam est en guerre contre lui-même.

Dans deux heures, j'atterrirai sur une terre musulmane prospère et stable qui s'apprête à accueillir une Coupe du monde de football, où l'on dépense des milliards en toiles de maître, où l'on s'échine à construire un futur plutôt qu'à détruire le présent. On en parle beaucoup, de ces pétromonarchies du Golfe, et on n'en parle pas beaucoup en bien. Elles sont accusées, pêle-mêle, d'acheter la France, de financer le terrorisme, d'opprimer les femmes, de pratiquer l'esclavage et de s'accaparer les meilleures pièces du magasin Vuitton des Champs-Élysées. On en parle surtout de loin et j'ai envie de voir de plus près.

L'histoire de mon pays est liée à celle du Maghreb et du Levant. L'Arabie, elle, reste une contrée lointaine, projetant un imaginaire où Sinbad navigue et Lawrence cavale derrière Tintin au pays de l'or noir. Je pars donc, une nouvelle fois, avec l'ambition de me confronter à mes préjugés et à mon ignorance. J'aborde une région que je connais mal pour ne l'avoir qu'effleurée, et que je connais trop du fait de son importance politique. Ce ne sera pas facile, je sens bien que ce voyage est piégé.

Entre l'Occident sécularisé dont je suis issu et cet univers arabo-musulman, c'est la suspicion qui prime – vous avez certainement fait le même constat si vous avez consulté un journal au cours des trente dernières années.

L'incompréhension et le ressentiment triomphent, le discernement dérouille. Chacun se vit en victime de l'autre.

Personne ne sait comment sortir de l'ornière.

Je vais commencer par sortir de l'avion.

Le douanier qatari pianote machinalement sur son smartphone coréen et tamponne les passeports sans lever les yeux sur les nouveaux venus. À côté de la file réservée aux femmes patientent une soixantaine d'ouvriers népalais, tous coiffés de la même casquette *SOS Manpower service Katmandou*. Un nounours jaune de sept mètres de haut, œuvre d'un artiste suisse, trône avachi dans le hall de l'aéroport.

Le taxi est ghanéen, il écoute Mozart – un Autrichien – et fonce dans la nuit sur une autoroute vide. Des silhouettes apparaissent par petites grappes à l'approche de la ville. Des travailleurs indiens ou bangladais, emmitouflés dans leur écharpe, rejoignent leur arrêt de bus, par centaines. Certains se tiennent par la main, il est quatre heures du matin. À l'hôtel, une réceptionniste chinoise en poste sous un portrait de l'émir m'apprend que ma chambre n'est pas encore disponible. Un groom srilankais emporte mes bagages et je pars, à pied et au hasard, à travers la ville. Un chat de nationalité inconnue explore une poubelle et s'enfuit à mon approche. Il est bientôt cinq heures, un muezzin lance l'appel à la prière.

Un nouveau jour se lève sur le golfe Persique. La ligne de gratte-ciel se dresse le long de la corniche, ce front de mer parsemé de palmiers autour duquel Doha s'articule. Des dizaines de tours clignotent dans l'aube, juchées sur leurs hectomètres sans forcément savoir à quoi elles servent. Quelques boutres sont disséminés dans la baie pour rappeler que nous sommes en Orient.

Je flâne en me frottant les yeux pour chasser la fatigue et tester la réalité de mes perceptions. Les tours s'éteignent avec l'arrivée du soleil. Je slalome dans les embouteillages matinaux entre les berlines allemandes ; je vois des femmes, toutes de noir vêtues, sacs à main français et escarpins italiens portés comme des talismans.

Qatar deserves the best.

Le slogan est écrit en anglais sur les immenses panneaux ornant les palissades de cette capitale voulant faire croire qu'elle est une ville alors qu'elle est un chantier.

Le Qatar mérite le meilleur.

Le luxe est une injonction patriotique.

Pendant des milliers d'années, le Qatar a été peuplé par des tribus nomades du désert et des pêcheurs côtiers au mode de vie frugal. La péninsule a connu la domination perse, portugaise (brièvement, au XVIe siècle) et ottomane, ce qui n'empêchait pas les clans locaux de se faire la guerre à l'occasion. C'est pour mettre fin à l'un de ces conflits que les Britanniques imposèrent leur protectorat à la fin du XIXe siècle, avec le concours de la famille Al Thani, toujours au pouvoir en ce début de XXIe siècle. À l'heure des décolonisations, le Qatar décide de ne pas rejoindre ses voisins de la fédération des Émirats arabes unis. Il fait bande à part et devient un État souverain en 1971. Entre-temps, la découverte de pétrole et de gaz a bouleversé le destin de la région. C'est l'histoire du prolétaire qui a gagné à la loterie des hydrocarbures. En une génération, on est passé de la piste à l'autoroute, de la tente aux gratte-ciel et du chameau à la Ferrari. Ce ne sont pas des métaphores à 2 pétrodollars : c'est exactement ce qui s'est passé.

Le soleil commence à brûler quand je passe devant les grilles du *Diwan*. C'est un vaste palais où réside l'un des derniers monarques absolus au monde. Tamim Al Thani a accédé au pouvoir à l'abdication de son père Hamad qui, avec ses vingt-quatre enfants, avait l'embarras du choix pour désigner son successeur. Hamad, stratège et bâtisseur, a transfiguré le pays et capté l'attention internationale. Il lui a acheté une place sur la carte du monde. J'imagine l'ancien souverain contemplant sa Manhattan avec satisfaction. Il n'y avait rien, ou si peu, deux décennies auparavant. Regarde maintenant. Regarde cette géographie surgie des sables et sculptée dans l'ego. Cet ancien petit port de poussière envahi par les grues, le verre et l'acier. Un chaos en construction, splendide et inachevé, splendide parce qu'inachevé. Pourquoi s'embarrasser de limites ?

Aujourd'hui, le Qatar est peuplé par des tribus sédentaires, rentières et climatisées. Elles sont peu nombreuses. On recense environ deux cents cinquante mille Qataris sur un territoire qui accueille deux millions d'étrangers venus bâtir un nouveau monde irrigué par les dollars qui jaillissent du sous-sol. Le Qatar, d'un strict point de vue démographique, n'est pas un pays arabe.

Avec un régime d'obédience wahhabite et une législation fondée sur la charia, le Qatar interdit l'alcool et le porc. Les autorités, prévenantes, se sont toutefois organisées pour que les expatriés puissent se déchirer la tête dans un environnement encadré et respectueux des normes de la bienséance locale. La consommation d'alcool est cantonnée aux hôtels de luxe, bien qu'il soit inutile de préciser « de luxe » car la plupart des établissements affichent cinq étoiles – ce qui n'est toutefois pas le cas du mien.

Le soleil s'est couché et la fête peut commencer. C'est une beach party où une petite foule de cocktail s'oublie dans la mondanité. Mon passeport a été scanné à l'entrée. Le sable est fin, les sofas confortables et la température clémente sous la lune. Je m'immisce à une tablée de neuf personnes, et autant de nationalités. Trois continents, des Américains, des Européens, des Indiens, des Libanais, pas de Qataris.

Amalia est indonésienne, elle porte une courte jupe fuchsia et vient de voir une Rolls-Royce rose. « Les Qataris sont tellement riches qu'ils changent de voiture tous les mois, affirme-t-elle. Les plus pauvres gagnent 6 000 dollars par mois. » Amalia vit ici depuis onze ans, elle connaît la musique. Nous sommes pieds nus, un mojito à la main, le reggae qui jaillit des enceintes couvre le clapotis des vagues. Mon petit groupe d'expatriés, trentenaires et célibataires pour la plupart, déverse son fiel sur son pays d'accueil. Une Espagnole a vu une femme gifler sa bonne philippine au supermarché. Une ressortissante du Bahreïn me conseille d'aller plutôt dans son pays, juste à côté, à trois quarts d'heure de vol. « C'est beaucoup plus festif qu'ici, m'assure-t-elle. Et surtout, les gens sont plus ouverts, ils se mélangent plus. » Amalia, fille de diplomate, ne mâche pas ses mots : « Les Qataris coupent les files dans les magasins, grillent les priorités sur la route, parce qu'ils sont chez eux et les autres n'ont pas trop intérêt à l'ouvrir. »

Il est vrai que les règles d'immigration sont rigides. Tout travailleur étranger est placé sous la coupe de son parrain local, en situation d'infériorité juridique. Interdiction de changer d'emploi ou de sortir du territoire sans autorisation du sponsor. Il faut se tenir à carreau, on a vite fait de se faire expulser. Je choisis donc d'anonymiser la plupart des personnages de ce récit, pour ne pas leur attirer d'ennuis.

Cette conversation n'arrange pas mes affaires – je rappelle que je suis ici pour vérifier que les Qataris sont sympas et les premiers témoignages ne tendent pas dans ce sens. Toutes ces récriminations sont proférées entre expatriés, loin des oreilles locales. Que font-ils ici si le pays leur semble si détestable ? Leurs confortables salaires de travailleurs qualifiés doivent les aider à supporter leur condition. On s'habitue vite aux cinq étoiles.

Mon verre étant vide, je vais me mélanger à la foule du bar. Il est pris d'assaut. La peur de manquer, j'imagine. En dehors des hôtels, il n'existe qu'un seul moyen de se procurer de la gnole. Une boutique, la Qatar Distribution Company, accessible aux seuls étrangers non musulmans, permet d'acquérir saucisses et Heineken en toute légalité quoiqu'en quantité limitée. Chacun dispose d'un quota mensuel, pour prévenir les excès. C'est un geste pragmatique, une soupape de décompression pour cette main-d'œuvre indispensable. Le deal implicite est le suivant : imbibez-vous discrètement et on vous fout la paix tant que la décence publique n'est pas malmenée. L'important, c'est l'apparence. Comme beaucoup de business, il est contrôlé par l'État qui se confond avec le clan royal, lequel arrondit ainsi ses fins de mois grâce au commerce de l'alcool, attitude moyennement halal en terre wahhabite.

— Le système génère tout un tas de petites combines, me confie Jon. Les expats peuvent refiler en douce leur alcool aux locaux, qui en échange leur fournissent de l'herbe. C'est win-win.

Ce jeune Anglais au crâne rasé œuvre dans la construction, un secteur florissant. Il détaille la politique de qatarisation de l'économie, initiée par un gouvernement soucieux de former des nationaux compétents sur le long terme.

— Les postes à responsabilité sont doublonnés. Un expat pour faire le travail et un Qatari pour l'organigramme. Chez nous, ils arrivent à dix heures au bureau, boivent un café et repartent. Et ils gagnent deux fois plus que nous, alors qu'on a déjà un bon salaire. C'est le règne de l'emploi fictif.

— Et vous connaissez beaucoup de Qataris ?

— À part nos collègues de bureau fictifs, pas vraiment. Si, il y a ceux qui nous vendent du shit. C'est des douaniers, en général.

La soirée s'éparpille, je m'engouffre dans le sillage d'un trio décidé à repousser la nuit, deux Français en costume et une Chinoise hôtesse de l'air qui porte sa beauté comme un fardeau. Ils m'entraînent vers un club de West Bay, le quartier des affaires. J'embarque dans une décapotable et nous traversons la ville, la tête en l'air pour voir défiler la lumière que la forêt de gratte-ciel imprime dans nos rétines. Nous filons sur la corniche, saluons la pyramide du Sheraton, zigzaguons entre les Palm Towers, le Kempinski, la Tornado et la Burj Qatar dont la forme évoque, même aux esprits les plus innocents, celle d'une bite de deux cent trente-deux mètres. J'ai l'impression de naviguer dans un décor de film, tout semble trop neuf pour être réel. Mais les pyramides de Gizeh ne semblaient-elles pas artificielles en leur temps ? Les pharaons de la IVe dynastie étaient-ils accusés de céder au bling-bling ?

Le vent rafraîchit mon cerveau et le ramène au XXIe siècle. Je me souviens que le conducteur, sous l'emprise du mojito, est passible de prison. Il est jeune, riche et loin de sa mère ; il doit se sentir invulnérable. Il s'appelle Pierre, il est marié à une autre hôtesse de l'air qui vit quelque part en Asie. Son acolyte, Éric, affirme que 70 % des Russes sont des putes. Je ne sais pas d'où il tient ce chiffre. En tout cas, il a l'air sûr de lui. D'ailleurs, tout dans son attitude est calculé pour que l'on comprenne bien qu'il a confiance en lui, ce qui, évidemment, produit l'effet inverse. Éric est cadre dans une grande entreprise de téléphonie et il porte un pull noué autour de ses épaules. Il a aussi des théories : « À Dubaï, c'est fait. À Abu Dhabi, c'est fait. Ici, tout est à faire. » Je suis effleuré par l'envie de lui demander des précisions, mais je crois que j'ai saisi l'idée générale.

Pour entrer au Crystal, il faut être membre du club. Je m'acquitte de la cotisation (je ne raffole pas de ces lieux de perdition, mais que voulez-vous, ma conscience professionnelle m'oblige à fréquenter les différents lieux de socialisation pour saisir l'âme de ce pays, au cas où il en ait une). Le videur scanne mon passeport, il en va donc ainsi pour tous les débits d'alcool. Société de contrôle.

Derrière la porte, c'est la même boîte qu'à Paris, Los Angeles, Singapour ou Lagos, la même musique aseptisée jouée trop fort, les mêmes fanfarons en représentation, qui gigotent sans danser et font chauffer leur CB, coincés au bar en dévorant des yeux les petits postérieurs féminins apprêtés. Personne ne s'amuse vraiment.

Dieu merci, je suis ivre. Je commence à comprendre que l'alcool sera mon principal poste de dépense dans ce pays. Quelqu'un a fait le calcul : la bière est quatre-vingt-quatre fois plus chère que l'essence.

Je tente de communiquer avec Lina, l'amie chinoise de mes deux Français. Le volume sonore interdisant toute conversation, nous procédons par écrit, à l'aide de mon carnet de notes. Elle travaille depuis trop longtemps chez Qatar Airways, où « il n'y a pas de droits de l'homme ». Elle va bientôt rentrer, car elle doit respecter un couvre-feu. Par contrat, elle ne peut ni se marier, ni tomber enceinte. Elle songe à démissionner pour avoir le temps de se consacrer à la recherche d'un époux millionnaire. J'échange par la suite quelques mots avec une Grecque ayant fui son pays car elle en avait marre de travailler sans être payée. Alors que je cherche quelque chose de pertinent à dire sur le FMI, un type me bouscule par mégarde en se retournant. C'est un jeune flambeur, visiblement arabe (peut-être émirati ou koweïtien, pas qatari en tout cas), coiffé comme un footballeur à crête. Il est défoncé, s'excuse et me tend immédiatement deux tickets de boisson. C'est très gentil de sa part, mais il n'y a aucun problème, il n'est pas nécessaire de me payer un verre.

Il insiste :

— Ne t'inquiète pas. C'est juste de l'argent.

Voilà une douzaine de pages que je suis au Qatar et je n'ai toujours pas adressé la parole à un Qatari. Ah, si, peut-être au douanier de l'aéroport. Quoique, à la réflexion, non, nous ne nous sommes pas parlé.

Pour remédier à cette faute professionnelle, je vais inspecter le Souq Waqif qui vient d'être reconstruit dans le style traditionnel avec arcades et rues pavées ; les grincheux parleraient sûrement de disneylandisation architecturale. Le Qatar ne se contente pas de construire son futur, il souhaite faire reluire son passé. Ce serait assez réussi s'il ne manquait la patine du temps, qui ne s'achète pas. Les locaux semblent apprécier cette reconstitution artificielle du temps jadis et le Souq Waqif est le seul véritable espace piéton de Doha, le lieu de promenade des Qataris comme des expatriés. Tout est propret, une armée de petites mains immigrées s'emploie à chasser le moindre papier qui aurait le mauvais goût de traîner.

Je m'installe en terrasse, commande une chicha et un thé à la menthe dans l'espoir de me fondre dans la population – ça va marcher comme sur des roulettes : avec ces accessoires, on va me prendre pour un Qatari à coup sûr et je vais me faire des potes en moins de deux.

Des hommes viennent jouer aux dames autour d'un café. Des femmes font leurs emplettes, remplissant le sac de leur bonne d'épices ou de tissus. Les familles se promènent et les papas, poussettes en main, cèdent immanquablement aux désirs de leurs enfants quand passe le vendeur de ballons Hello Kitty.

On ne peut qu'être frappé par l'uniformité textile qui règne ici. Les hommes sont tous vêtus d'une dishdasha (ou thobe) blanche, cette longue tunique en coton typique du Golfe, complétée par une coiffe, la guthra, des sandales de cuir et des lunettes noires. La démarche est rigide, altière, soucieuse du regard d'autrui. On décèle une préoccupation aristocratique dans la raideur des silhouettes, une dignité dans le pas. On évite les mouvements brusques pour s'économiser par grandes chaleurs. Les vêtements sont toujours impeccables, repassés et immaculés, performance dont le mérite revient aux domestiques asiatiques œuvrant dans les foyers.

Les femmes portent l'abaya, la robe islamique noire. Le voile n'est pas une obligation légale, comme c'est le cas en Iran ou en Arabie saoudite. Mais de fait, à Doha toutes les Qataries sont couvertes par le hijab, à des degrés divers. Le visage est apparent dans la plupart des cas, et l'on peut ainsi voir les couches de maquillage valorisant le minois de ces coquets petits chaperons noirs. Une bonne proportion porte le niqab, avec une simple ouverture pour le regard. Plus rarement, ce niqab est porté avec un tissu rabattu sur les yeux, et des gants, de sorte qu'aucune partie du corps ou du visage n'apparaît. Comme chez cette femme que son mari tient par la main, peut-être par affection, peut-être pour l'empêcher de se cogner aux murs.

La plupart des gens ont un avis moral bien tranché sur le port du niqab (respect des textes sacrés ou oppression de la femme ? Vous avez vingt secondes pour atteindre le point Godwin). Ce débat élude trop souvent la question de la commodité du vêtement, je m'en rends compte en observant une femme qui galère sévèrement pour manger, penchée sur son assiette en soulevant son niqab d'une main pour enfourner ses spaghettis sans s'en mettre partout, ni s'afficher au regard de la foule.

Nous sommes donc en présence d'un peuple en noir et blanc, d'un grand conformisme vestimentaire. On peut l'envisager comme une forme de résistance culturelle. S'ils sont au cœur de l'économie-monde, les pays du Golfe ne cèdent pas à la globalisation textile. Ce sont les derniers dans ce cas-là. Les Chinois, les Sud-Américains, les Africains, les Indiens urbains ont majoritairement adopté le look pantalon-chemise, reléguant les tenues traditionnelles au folklore à ressortir les jours de fête.

Au Souq Waqif, on repère néanmoins des signes distinctifs dans la monotonie. Les hommes portent des lunettes Ray-Ban ou Persol, les femmes des sacs Chanel ou Vuitton.

Je voudrais parler plus longuement des femmes, je sais hélas que ce sera un problème lors de ce voyage : il sera compliqué d'accéder à la moitié du pays. Compliqué mais pas impossible. Voici une dame vêtue d'un niqab et j'ai un bon prétexte pour lui adresser la parole puisqu'elle est chargée de l'accueil au centre d'information du souk. On n'a pas si souvent l'occasion de parler avec une femme en niqab.

— Bonjour madame, savez-vous où je peux trouver un plan de la ville ?

— Non, désolée, nous n'en avons pas, répond-elle dans un anglais impeccable avant de détourner son regard souligné d'eye-liner et de reprendre son activité (mettre des feuilles dans des enveloppes), me signifiant que notre échange est terminé.

C'est la même conversation que si elle avait été en jean et T-shirt, à cette différence près qu'elle m'a vu sans que je la voie.

Essayons avec les hommes. Au bout du souk travaille une légende dont j'ai entendu parler depuis la France : le dernier pêcheur de perles à l'ancienne, survivance des temps anciens. La perle était la principale ressource de la région jusque dans les années 1930, quand les Japonais ont inventé la perle de culture. Une catastrophe économique pour le Qatar. La ruine n'a pas duré, les hydrocarbures ont été découverts peu après.

J'entre dans la boutique, fais mine de m'intéresser à la marchandise et aborde le patron, haute taille, peau noire, petite moustache.

— Alors comme ça, vous pêchez des perles depuis trente-cinq ans ?

— Je dors sur une planche de fakir. (Il me montre sa planche.) Et je ne sens rien.

C'est très impressionnant, mais je ne parviens pas à établir de corrélation entre ma question et sa réponse.

— *(Surpris)* Et pourquoi vous faites ça ?

— Pourquoi les gens font des courses de voiture ?

— *(Troublé)* Pardon ?

— Pourquoi les gens vont en boîte de nuit ?

— *(Désemparé)* Mais je sais pas, moi.

Je crois qu'il veut me faire comprendre que chacun son truc. Mais tout de même, dormir sur une planche à clous, ça me semble aussi incongru que ces gens qui pratiquent le bilboquet ou collectionnent les pots de yaourts (je les respecte, bien sûr, je suis la tolérance incarnée, mais je ne peux réfréner un certain étonnement en constatant la réalité de leur existence : voilà, eh bien, dormir sur une planche à clous, c'est pareil).

La légende n'est pas bavarde. Elle laisse passer une longue minute entre mes questions et ses réponses. Le moment est étrange. C'est le rythme des vieux sages du désert qui ne parlent pas pour ne rien dire. Ou alors il n'a pas envie de causer avec un importun. Ou c'est du mépris, je ne sais pas.

On m'avait prévenu, les locaux ne sont pas très enclins à la conversation. Les étrangers, eux, s'épanchent volontiers. J'ai devant moi cinq femmes, épouses d'expatriés, femmes au foyer. Une Équatorienne, une Russe, une Japonaise, une Française, une Dubaïote. Trois d'entre elles sont enceintes, une façon comme une autre de passer le temps. Elles prennent parfois des cours de langue, ce qui me permet de les rencontrer ici, à l'Institut français de Doha. Je comprends assez rapidement qu'il ne faudra pas compter sur elles pour louer le sens de l'accueil de ce pays.

La Russe est la plus véhémente. Elle me dit pis que pendre des Qataris, prétend qu'ils « n'aiment pas vraiment leurs enfants », ce qui me semble exagéré. « Les gosses sont élevés par des nannies indonésiennes ou malaisiennes, ils voient peu leurs parents. Et les couples ne se voient pas beaucoup non plus. Le gouvernement les incite à se marier jeunes et à se reproduire vite. Ce ne sont pas des mariages d'amour. » Les autres approuvent, la Russe continue. « Leurs gamins sont délaissés affectivement et gâtés financièrement. Ils pourrissent les nôtres. Quand la copine qatarie de ma fille l'invite pour une soirée pyjama, ils vont au spa du Four Seasons sans les parents, avec les nannies. Des gamines de dix ans ! »

Elle me signale ensuite l'existence d'une filière de prostituées russes pour la famille royale. S'emporte contre les lois discriminant les étrangers et asservissant les ouvriers. Grince contre la fainéantise rentière des Qataris. Se révolte contre les hommes harceleurs et ces regards qui déshabillent les filles non voilées. Peste, globalement, contre le sort réservé à la gent féminine.

Notons que le Qatar est, avec le Koweït et les Émirats arabes unis, le pays comptant la plus faible proportion de femmes. Les trois quarts des habitants ont un pénis. Les Qataris engendrent autant de garçons que de filles, mais la population est majoritairement immigrée et ce sont surtout les hommes qui viennent. On se demande bien pourquoi les femmes sont moins volontaires.

On aurait tort de croire que les mœurs wahhabites ne choquent qu'en Occident. J'ai devant moi une Slave, une Sud-Américaine, une Extrême-Orientale, une Européenne et une Arabe ; un mini-panel de la planète. Et le sentiment dominant est une incompréhension teintée de dégoût.

« Ils sont vraiment coincés, ici. Je connais des femmes qui n'ont jamais vu leur beau-frère ou d'autres membres masculins de leur famille. Ce n'est pas comme ça chez nous. » Celle qui prononce ces mots vient de Dubaï et porte le combo abaya-hijab, ce qui donne du poids à son propos. Vu de son pays tout proche, également régi par la charia, la société qatarie est perçue comme rétrograde.

Les différents États du Golfe semblent dégager une certaine homogénéité culturelle – même langue, même religion, même structure économique, etc. C'est un trompe-l'œil et j'ai bien l'intention, dans les pages qui viennent, d'explorer les voisins du Qatar. Dans l'immédiat, je voudrais juste trouver quelqu'un qui me dise du bien de ce pays.

Je feuillette *The Peninsula*, un des quotidiens anglophones, qui annonce les horaires des prières en dernière page. Un éditorial m'informe que le Qatar est un pays à la pointe des droits humains. Une performance tout à fait remarquable dans un système sans partis politiques, ni élections, où l'État se confond avec la famille Al Thani. Jetons un coup d'œil à l'ours : *The Peninsula* appartient à un certain monsieur Al Thani. En une, l'émir Tamim Al Thani photographié lors d'une cérémonie dite de *salat al-istisqa*, une prière rituelle pour faire tomber la pluie. On sait l'importance des quelques jours de précipitations annuelles dans le désert ; une petite prière ne peut pas nuire. Deux jours plus tard, effectivement, quelques bruines s'abattront sur Doha. N'a-t-on pas là une démonstration éclatante du pouvoir divin de l'émir ? (Ou au moins la preuve qu'il a accès aux prévisions météorologiques.)

Je me tiens à l'abri des caprices du climat, dans la fraîcheur conditionnée d'un café de la corniche. Nour me rejoint. Elle vit ici depuis longtemps et a appris à apprécier les Qataris, au bout de quelques années.

— Ils ont leurs bons côtés. Les Occidentaux sont parfois paranos. Ils ont peur de se faire expulser à la moindre embrouille.

Nour est libanaise, musulmane, journaliste, et s'est résignée à l'absence de liberté de la presse. Elle considère *The Peninsula* comme une sorte de *Pravda*, une succession de communiqués de presse du *Diwan*.

— En vérité, on ne sait pas trop ce qui se passe dans les intrigues de palais. Des décisions sont prises, sans explication et évidemment sans débat public.

C'est l'avantage des régimes autoritaires, on ne perd pas son temps à s'engueuler sur Twitter. L'inconvénient des régimes autoritaires, c'est qu'il faut être prudent.

— Surveille tes SMS et ne dis rien de compromettant au téléphone, me conseille Nour.

Société de contrôle, encore. Je ne suis pas inquiet, mes intentions ne sont ni belliqueuses ni investigatrices. Je ne viens pas enquêter sur les business douteux et les petits arrangements politiques, d'autres le font mieux que moi. Je veux juste essayer de comprendre comment les habitants de ce pays voient le monde.

Les choses que l'on tait étant les plus parlantes, je m'enquiers auprès de Nour des tabous régnant ici. Sans surprise : la religion et la famille royale. Critiquer cette dernière, c'est faire preuve d'une témérité inconsidérée, comme l'a appris à ses dépens le poète Mohamed Al-Ajami, condamné à quinze ans de prison pour « insulte à l'émir » dans un poème écrit en 2011. Ça fait cher le vers. L'insolent a finalement été gracié en 2016.

L'autre tabou, c'est le sexe. Les sites pornographiques sont censurés – même s'il est facile de contourner cette censure. Comme dans toute société puritaine, l'hypocrisie règne. « J'ai vu de ces trucs, soupire Nour. Dans l'avion pour Beyrouth, j'étais assise à côté d'une femme en niqab. Elle part aux toilettes et une autre femme en minijupe et décolleté vient s'asseoir à sa place. Je lui dis que le siège est pris. Elle me répond : non, c'est moi. C'était la même qui était allée se changer, aussitôt qu'elle avait quitté le pays. »

Selon elle, l'émirat est tiraillé entre une poussée libérale et ses forces réactionnaires. Le pays a tellement changé en si peu de temps, la société s'en trouve bousculée et des mouvements discrets mais profonds la travaillent. « Un pas en avant, un pas en arrière », résume la journaliste.

Nous poursuivons notre discussion en nous promenant sous les palmiers. Nour a été invitée à un mariage qatari, où hommes et femmes font la fête séparément. Quand celles-ci sont à l'abri des regards masculins, les abayas tombent.

« C'était une apocalypse de chair, de lingerie affriolante et de talons hauts. Elles savent s'amuser. Pour respecter l'intimité du groupe féminin, le DJ mixe dans une cabine aveugle, sans voir son public. Au moment de rejoindre les célébrations mixtes, il annonce au micro qu'il est temps de se rhabiller. »

C'est l'après-midi, la chaleur est pesante. Nour, gironde et élégante, est habillée légèrement. Elle porte un pantalon et un débardeur un peu échancré, bras nus. Ses longs cheveux flottent au vent de la corniche.

Une femme en abaya l'aborde. Elles entament une discussion en arabe, qui s'avère rapidement conflictuelle. L'importune brandit un prospectus frappé du slogan *Reflect your respect*, accompagné de dessins des bonshommes en short et de femmes en jupe barrés d'une croix. *Reflect your respect* est une ligue de vertu féminine luttant contre « l'invasion culturelle étrangère [...] devenue une menace pour l'identité qatarie et un terrible présage pour les générations futures ». Elle s'est donc fixée comme objectif d'emmerder les expatriés, et surtout les expatriées, en rappelant les règles de l'accoutrement public.

La Libanaise ne se laisse pas faire. Elle argumente face à la policière textile, explique que sa tenue n'est pas indécente, qu'elle n'a rien d'autre à se mettre sur elle et que ça va bien maintenant. Nous tournons les talons et l'affaire s'arrête là.

— Elle n'était même pas qatarie, maugrée Nour, déstabilisée par la pression qui soudain s'abat sur ses épaules dénudées.

De mon côté, je récapitule mentalement la liste des tragédies en cours sur notre planète et je conclus que, au Qatar comme en France, on dépense beaucoup trop d'énergie pour des histoires de tissu.

Un pas en avant, un pas en arrière.

Une statue de cinq mètres de haut de Zinédine Zidane, signée par l'artistc franco-algérien Adel Abdessemed et installée sur la corniche, a dû être déboulonnée. Motif : idolâtrie d'une icône païenne. Pour les intégristes, c'est faire concurrence au divin. Je veux bien, mais je ne connais pas d'autre dieu qui ait collé trois buts en finales de Coupe du monde. Histoire similaire : une série de statues de Damien Hirst (deux cent seize tonnes de métal et quelques dizaines de millions de dollars), dressées devant un hôpital, ont dû être recouvertes. C'étaient des fœtus monumentaux et je dois admettre que j'étais moi-même choqué par la laideur de l'installation. Ces va-et-vient de la politique culturelle illustrent les tensions entre conservateurs et libéraux.

Ne pas croire pour autant que le Qatar soit réfractaire à l'art. Au contraire, ils construisent un musée toutes les dix minutes. Le plus emblématique est le musée d'Art islamique, merveille architecturale dominant la baie, incontournable sur les brochures touristiques. Corans enluminés, calligraphies exquises, astrolabes finement gravées montrent, s'il était nécessaire, que l'islam sait glorifier les arts. Alors, bien sûr, il s'agit surtout d'art non figuratif et ça manque de tableaux, la tradition religieuse interdisant la représentation humaine et animale dans un contexte sacré. Il n'est pas interdit de dessiner un bonhomme, mais on ne peut pas le faire dans une mosquée. D'où l'omniprésence des arabesques, motifs entrelacés et répétitifs, caractéristiques de l'art musulman. Leur beauté envoûtante, hypnotique, nous rappelle que l'infini plane au-dessus de nous, qu'une force éternelle nous surplombe dans l'ordre et l'équilibre parfaits.

Au Mathaf, le musée arabe d'Art moderne, les œuvres regorgent d'humains. C'est sûrement pour cela que le musée est si bien caché, perdu à l'autre bout de la ville, quasiment introuvable sans une détermination à toute épreuve. Sa difficulté d'accès lui confère un avantage : j'ai le privilège d'être absolument seul parmi les toiles et les installations. Les gardiens roupillant dans chaque salle sont tellement inutiles qu'ils semblent faire partie du dispositif muséographique. La visite devient une performance artistique en soi.

L'art est une des marottes de la jeune garde de la famille royale, réputée plus libérale que le reste de la population. La cheikha Mayassa, sœur de l'émir, dirige l'autorité muséale du Qatar. Elle est née en 1983 et la presse spécialisée la considère comme la personne la plus influente du monde de l'art. Elle dispose d'une enveloppe annuelle d'un milliard pour acquérir des œuvres. Tu veux un Gauguin, petite sœur ? Tiens, voilà 300 millions de dollars, tu peux garder la monnaie.

Au-delà du business, il s'agit d'investir dans le capital symbolique, le prestige social. Acheter un Cézanne pour un quart de milliard, c'est ramener un trophée à la maison. Si la possession d'un yacht atteste de votre intégration dans le cercle des puissants, la fréquentation d'une star comme Jeff Koons vous garantit en outre un siège dans le club du cool. Vous aviez l'argent. Vous avez désormais l'attention de ceux qui hier encore vous ignoraient.

Je séjourne dans l'hôtel le plus miteux de Doha, un deux étoiles pour petits hommes d'affaires aux costumes mal taillés. La salle à manger est éclairée par des néons aux lumières baveuses, le buffet est médiocre et je préfère ne pas parler du motif des rideaux. La télévision, en revanche, dispose de cent quatre-vingt-trois chaînes. Pas de BBC, pas de CNN, pas de CCTV, pas de Russia Today, pas de TV5 Monde. Uniquement des programmes arabophones. En tête, Al Jazeera, la chaîne fondée par l'ancien émir Hamad Al Thani en 1996 et qui a révolutionné le paysage médiatique. Al Jazeera a bousculé des régimes, surpris par sa liberté de ton (tant qu'on ne parle pas du Qatar), changé notre époque en donnant aux Arabes une voix forte pour raconter l'actualité, une prise sur le narratif global.

Je zappe mollement entre les feuilletons égyptiens ou turcs, des clips de chanteurs de charme affublés de choristes vêtues bien court, et un nombre effarant de programmes religieux. Une chaîne diffuse en permanence un plan fixe sur les pèlerins de La Mecque tournant autour de la Kaaba. Une autre diffuse une mire affichant *Closed for praying*.

Des télécoranistes vitupèrent entre deux publicités pour les crèmes anti-vergetures. Mon niveau d'arabe (qui se limite hélas à *salam alekoum* et *choukran*) ne me permet pas de saisir les subtilités, mais ces types sont dans l'injonction ; ils pointent des doigts menaçants sur leur auditoire. Je connais le plus célèbre d'entre eux. Le vieux Al-Qaradawi, qui officiait le vendredi sur Al Jazeera. Al-Quaradawi est nonagénaire, frère musulman, né Égyptien, indésirable dans son pays, et il est connu pour ses diatribes haineuses envers les chiites, les juifs et autres homosexuels. C'est le télécoraniste le plus regardé au monde.

Si on lui reproche souvent de financer le terrorisme – ce dont il se défend –, le Qatar est peu pourvoyeur en djihadistes (beaucoup moins que la Belgique, par exemple). « Il faut dire que c'est fatigant de faire le djihad », note un diplomate taquin, en faisant allusion au goût modéré des Qataris pour l'effort. Pourquoi aller se terrer dans une grotte même pas climatisée avant de se faire exploser au nom d'Allah quand on vit dans le confort ?

Il est vrai que l'émirat cultive une diplomatie ambiguë. Coincé entre deux géants, l'Arabie saoudite et l'Iran, il se protège en multipliant les alliances contre-nature. Le Qatar fait – mollement – partie de la coalition anti-Daech, mais des fonds en provenance de l'émirat ont alimenté des groupes takfiristes en Syrie. Les Américains contrôlent le ciel de la région grâce à leur base qatarie et le pays a accueilli la seule ambassade des talibans afghans. L'émirat sponsorisc lc Hamas tout en conservant des relations, certes ténues, avec Israël. Les Qataris parlent avec tout le monde, c'est leur force. C'est aussi ce qui donne prise aux accusations de duplicité et aux interrogations sur leurs ambitions politico-religieuses.

Comme dans les autres pays du Golfe, l'islam cimente la société. Religion d'État, elle est la source du droit et légitime le pouvoir. L'instruction religieuse est obligatoire dans les écoles publiques. À Doha, la taille du bâtiment du ministère des Affaires islamiques atteste d'une influence considérable. Le wahhabisme, doctrine en vigueur, tient son nom de Mohamed ben Abdelwahhab, réformateur fondamentaliste du XVIIIe siècle prônant un islam intransigeant (il est notamment déconseillé de caresser des chiens ou de se lier d'amitié avec des non-musulmans). Cette doctrine, partagée avec l'Arabie saoudite, est la matrice du salafisme.

Il ne faut pas conclure à l'obscurantisme généralisé pour autant. Une église catholique a ouvert ses portes en 2008, signe de tolérance permis par l'émir Hamad. Si tous les Qataris sont musulmans (très majoritairement sunnites), seuls deux tiers environ de la population totale le sont. Hindous et chrétiens immigrés complètent le tableau. Sainte-Marie-du-Rosaire accueille ses fidèles philippins, moyen-orientaux ou occidentaux en périphérie de Doha. L'édifice est discret, sans clocher ; il ne faut pas exagérer. Il a le mérite d'exister.

À deux pas du Souq Waqif, le Fanar est la plus haute mosquée du pays et elle n'est pourtant pas très haute, bien moins en tout cas que les nouvelles tours de West Bay. Je m'étonne qu'on laisse les bâtiments profanes surpasser la maison d'Allah. Elle est récente quoique construite en matériaux traditionnels : corail, bois et terre cuite. Charmante mais pas clinquante pour deux sous, elle répond aux exigences d'austérité du courant wahhabite et se distingue par son minaret torsadé.

Le Fanar abrite également un centre culturel islamique accessible aux non-musulmans. Structure gouvernementale, elle diffuse l'idéologie officielle. Je visite l'exposition qui récapitule pour les néophytes les principes de base de l'islam, tels qu'on les entend ici. C'est en anglais, pédagogique, prosélyte. Les objectifs sont affichés : « Présenter l'islam comme un mode de vie pour l'ensemble de l'humanité. » *The whole of mankind*. La vision est universaliste (ou expansionniste, au choix). Il est aussi question de « hauts standards moraux » et du « respect dû à chacun », avec tout un discours basé sur des extraits du Coran autour des droits humains et du refus du racisme, en contradiction flagrante avec la réalité politique du pays. La notion de morale est relative. Certains la jaugent aux centimètres de peau visibles sur le corps des femmes, d'autres au nombre de cercueils d'ouvriers renvoyés au Népal.

Le reste de l'exposition présente un mélange assez confus d'ouverture œcuménique, de tradition littéraliste et d'assertions irrecevables par un cerveau cartésien. On nous explique, par exemple, que la science valide l'islam. À ma connaissance, la science n'a jamais validé l'hypothèse selon laquelle un ange peut descendre du ciel pour dicter la parole de Dieu à un humain.

Pas plus que celle d'un type ouvrant la mer Rouge avec une formule magique, ni celle de la résurrection d'un autre trois jours après sa crucifixion.

Bouquet final : « Nous croyons que notre succès découle de notre profonde conviction en l'islam. » Les gars, soyons sérieux deux secondes. Votre succès découle avant tout des richesses de votre sous-sol.

Dès qu'on aborde l'islam, il y a toujours un imbécile pour vous traiter d'islamophobe et un abruti pour vous traiter d'islamophile. Il se trouve que je ne suis ni l'un ni l'autre. Je ne suis qu'un pauvre agnostique ironique et insensible aux mythologies monothéistes (priez pour le salut de mon âme, s'il vous plaît, je n'ai pas le temps de m'en occuper).

Quant au dossier humour et islam, il s'avère épineux. Quelques dessins inoffensifs ont mené à des bains de sang. L'ampleur des réactions au massacre de *Charlie Hebdo* a témoigné, de part et d'autre, de l'invraisemblable profondeur du fossé. Plus personne n'a envie de rire et rien n'est pardonné. On ne compte plus les gens menacés de mort pour un mot de travers. Ni ceux qui se font taxer de racisme, dans une confusion sémantique calculée, pour avoir exprimé des critiques sur des idéologies religieuses. Ce qui entraîne une autocensure insidieuse bénéficiant aux extrêmes.

Je crois qu'il ne faut céder ni à l'intimidation, ni à la mauvaise foi. Au fil de mes livres, je me suis permis des vannes sur des chrétiens, des juifs, des mormons, des hindous, et surtout sur moi-même. Je me permettrai donc aussi l'humour avec des musulmans, pour ne pas les discriminer.

Le culte le plus fédérateur jamais recensé est un polythéisme au panthéon mouvant et exclusivement masculin. Née en Angleterre à la fin du XIXe siècle, cette religion universelle a conquis la planète grâce à une formule alliant l'intensité émotionnelle de ses grandes cérémonies et la simplicité de ses rites tournant autour d'une petite balle en cuir.

À Doha, Sports City est une zone excentrée et peuplée d'individus en short venus de tous les continents pour s'entraîner sur du matériel dernier cri, dans des conditions de confort premium. C'est ici que les footballeurs du Paris Saint-Germain, entre autres, viennent se faire papouiller. Sports City est dominée par The Torch, le plus haut édifice de la ville, un hôtel où l'on vient en équipe. Vue depuis le sommet : des stades en construction, des grues et, de l'autre côté, la lumière aveuglante du désert qui perd chaque jour du terrain sur la ville.

La Coupe du monde de football 2022 est la plus belle victoire décrochée par la marque Qatar, le glorieux aboutissement d'une stratégie de soft power menée façon Blitzkrieg. Le monde entier aura les yeux braqués sur l'émirat et des joueurs courant sous quarante degrés. Une légende prétend que lors d'un voyage en Europe du jeune Hamad Al Thani, futur émir, un douanier aurait demandé : « C'est où, le Qatar ? » Aujourd'hui, tout le monde le sait. Pari gagné. On peut passer sa vie à réparer une vexation.

L'organisation de cette compétition dans le désert est une aberration sportive et écologique, cela va de soi, mais l'écologie et le sport ne sont pas des paramètres à prendre en compte lorsqu'on parle de choses aussi sacrées que le football.

L'émirat a également raflé l'organisation des mondiaux de handball et d'athlétisme. Il y a un tour du Qatar cycliste. Plus étonnant, le pays a organisé les championnats du monde de beach-volley féminin, ce sport inventé pour montrer de petites fesses bien fermes se rouler dans le sable sous l'œil des caméras. Rien n'interdit de penser que le ping-pong ou le curling soient de futurs objectifs.

Ce que propose l'émirat, c'est la version la plus aboutie de *panem et circenses*. Du pain et des jeux, la manne des hydrocarbures largement redistribuée à la population faisant office de pain. Pour ce qui est des jeux, on vous offre une Coupe du monde de football. Difficile de faire mieux.

La pelouse est parfaite et l'éclairage radieux. Le match oppose El Jaish à Lekhwiya Sports Club, en première division. J'ai eu une place par une amie tunisienne qui travaille pour la fédération de football – elle touche un bonus à chaque victoire de l'équipe nationale. Le stade Abdullah bin Khalifa est flambant neuf, il peut accueillir douze mille spectateurs et il en accueille deux cents. Un kop d'une centaine de Qataris en dishdasha chante tout le long du match à grand renfort de tambours, supporters dévoués dont le tumulte emplit facilement les travées de l'enceinte presque vide. Avant d'entrer, ils ont prié en rang, agenouillés devant le stade.

Sur le terrain, joueurs locaux et internationaux déroulent un spectacle ennuyeux. Les vieilles gloires viennent souvent finir leur carrière au Qatar. Gros chèque, confort de vie, enjeu sportif nul. On prépare la retraite. Il y a aussi de jeunes mercenaires, tel ce Brésilien de vingt-quatre ans qui œuvrait à l'Olympique de Marseille la saison précédente. Il est venu s'enterrer dans ce championnat sans intérêt, au niveau faiblard, pour jouer devant une poignée de spectateurs après avoir connu les vélodromes enflammés. Un salaire annuel à six zéros pour un joueur moyen, c'est une offre qui fait réfléchir.

Le soir, à la télévision, le match est plus excitant. Le PSG et le Barça s'affrontent en Ligue des champions. Le premier club est propriété du Qatar, les maillots du second sont siglés Qatar Airways. Les dieux du football roulent pour Doha.

Des lettres géantes et colorées décorent les ronds-points du campus.

Learn.

Achieve.

Realize.

Discover.

Ces mantras traduisent la vision officielle : passer de l'économie du carbone à celle de la connaissance. La famille Al Thani, à laquelle on ne peut retirer une certaine finesse tactique, sait bien que la fête des hydrocarbures cessera un jour. Il est risqué de rester à la merci des fluctuations des cours. Alors on diversifie et on anticipe.

J'arpente Education City, une autre zone démesurée, car on ne fait jamais rien en petit dans ce pays. La cité universitaire accueille principalement des étudiants étrangers. Le Qatar construit également des écoles dans les pays du Golfe, autre volet de sa stratégie de soft power. L'éducation, et particulièrement celle des femmes, c'est le cheval de bataille de la cheikha Moza, mère de l'actuel émir et épouse favorite du précédent. Une femme qui fait rager les intégristes avec son mini-voile laissant apparaître sa chevelure (bel exemple pour la jeunesse). À la tête de la Qatar Foundation, on lui prête une influence considérable. Il se murmure qu'elle aurait poussé son mari vers la sortie pour asseoir son fils sur le trône. Ce serait elle, la vraie détentrice du pouvoir au Qatar ; hypothèse savoureuse dans un pays wahhabite conspué pour sa misogynie.

L'université abrite des crèches où les étudiantes peuvent laisser leurs enfants le temps des cours. À la cantine, elles pianotent sur leur téléphone pendant que les nannies nourrissent les bébés. Comme partout dans le monde, les filles sont plus motivées par les études, pour peu qu'elles aient la possibilité d'en faire. Ici, les hommes ont tout et les femmes tout à gagner. Désormais, les jeunes entrepreneurs sont majoritairement des entrepreneuses.

Relativisons ces avancées féministes : j'ai feuilleté un magazine économique présentant les cinquante décideurs importants du pays, le pourcentage d'hommes s'élève à 100 %. À l'université, j'ai aussi consulté quelques brochures expliquant que la femme était une perle et qu'en conséquence il convenait de la protéger du regard des autres. Si les choses évoluent, le plafond de verre reste bas, tout près du sol. Au contraire d'Abu Dhabi, émirat arabe où des femmes pilotent des avions de chasse.

Doha est une expérience urbaine, une cité-champignon du far-east sans saloon, bâtie avec frénésie sur l'avidité des promoteurs et autres crapules encravatées. Je craignais l'aseptisation totale, que cette capitale ressemble à sa publicité, vitrifiée par sa modernité. La ville-chantier abrite pourtant quelques interstices anachroniques.

Derrière le rideau des nouveautés rutilantes subsiste un urbanisme bancal avec ses friches poussiéreuses, ses arrière-cours crasseuses, ses tuyaux abandonnés et ses poubelles débordantes. Des endroits où l'on peut se déplacer à pied. Dans les environs de mon hôtel, on trouve un petit souk, un vrai, avec des boutiques modestes et des gargotes aux tarifs raisonnables, fréquenté par des immigrés asiatiques. Au carrefour adjacent, de vieux Pachtounes restent assis, toute la journée, barbes blanches et tuniques beiges, à l'ombre des arbres, dans une attente permanente et mystérieuse. Je leur accordais un charme poétique, une sagesse de l'immobilité dans un univers en chamboulement, en me demandant ce qu'ils foutaient là. Et puis je me suis renseigné. Ce serait, en fait, des dealers.

Je me suis encapsulé dans ma voiture de location et je suis parti au hasard, sans destination. De toute façon, je me perds chaque fois que j'essaie de me rendre quelque part. Les voies de circulation sont jonchées de barrières de sécurité ou de pelleteuses, et les indications s'avèrent lacunaires et contradictoires. Vous êtes milliardaires, ne pourriez-vous pas installer des panneaux fiables ?

Autant y aller à l'instinct. Je me fonds dans les embouteillages, longe la corniche surplombée par les tours de West Bay, bifurque à un embranchement qui n'existait pas trois heures plus tôt et m'éloigne du cœur de la cité, bercé par la succession des non-lieux. Stop. Marche arrière. Sur un terrain vague, à quelques hectomètres d'une autoroute urbaine, se dresse un boutre de taille conséquente sur lequel s'activent quelques ouvriers. Nous sommes loin de la mer, ce bateau n'a rien à faire là ; c'est *Fitzcarraldo* dans les sables.

Je m'égare encore un peu avant de m'arrêter poliment à un feu rouge. Quatorze minutes s'écoulent avant qu'il ne passe au vert. Cette ville n'est pas encore bien réglée.

Après une heure de zigzags, c'est une ferme qui surgit au détour d'un chemin. Des enclos pour les biquettes, un petit potager et quelques palmiers dattiers avec les gratte-ciel en toile de fond. Juste après l'étable, on débouche sur un centre commercial en construction, disproportionné, clinquant de marbre, surmonté d'une coupole et dont l'entrée se pare d'une pyramide de verre. Un autre mall va ouvrir ses portes un kilomètre plus loin et il fera des petits.

La ferme aura certainement disparu au moment où vous lirez ces lignes, engloutie par l'expansion de la capitale. Tout ce que je vois n'existera plus l'an prochain, happé par le mouvement perpétuel de la croissance. Un monde en recouvre un autre, l'écrase au bulldozer, dans un tourbillon de particules fines et de CO_2. Doha l'aseptisée est une des agglomérations les plus polluées de la planète.

The Pearl se situe à l'autre bout de cette ville en cours. C'est un archipel d'îles artificielles accueillant une trentaine de tours, résidences luxueuses et optimisées pour Qataris, expatriés de haut niveau et sportifs recrutés à prix d'or. Au cœur du quartier, une marina garnie de yachts, rangés au pied des immeubles. Autour, ce ne sont que boutiques de luxe, concessionnaires de voitures de sport, restaurants chics. De grands panneaux publicitaires montrent des couples arabes attablés, l'un vêtu à l'occidentale et l'autre à la mode traditionnelle, jeunes, riches, heureux et épanouis.

Je pousse la porte d'une galerie d'art où se tient une exposition Botero. Les prix sont affichés, j'hésite à m'offrir une toile à 1,4 million de dollars. Il n'y a personne dans la galerie, pas de personnel, pas de protection. Voilà un autre avantage de ce pays : la sécurité. On peut laisser traîner une mallette de billets dans la rue et revenir la chercher le lendemain. Quand on est surveillé, on se tient à carreau.

Avant, dit-on, on s'amusait à Pearl. Les restaurants étaient pleins car on y servait de l'alcool. Construit sur la mer, off-shore, le quartier était considéré, au prix de quelques contorsions intellectuelles, en marge de la terre d'islam. On pouvait donc prendre des libertés avec la loi de Dieu. Puis il y a eu quelques accrocs. Des accidents de voiture. Des Qataris titubant en public, la honte. Les autorités ont tapé du poing sur la table. Le quartier est redevenu *dry* : plus d'alcool.

De prime abord, il n'est pas désagréable de se promener ici, au bord de l'eau, à pied, au calme. Pearl fait figure de gentil paradis avec ses fontaines glougloutantes, sa propreté impeccable et son opulence tranquille. Quelques indices suggèrent toutefois une anomalie ébréchant la quiétude de cet éden. La nuit est tombée et rares sont les fenêtres illuminées dans les tours. Sur la trentaine de bâtiments, une quinzaine est inhabitée. Coquilles vides enfantées par la spéculation immobilière.

Je suis seul, cerné de yachts, dans cet espace immense dont le factice finit par m'oppresser. Si je toque contre cet immeuble, il sonnera creux. Si je griffe le ciel, il se déchirera. Une discrète mélopée envahit l'air du soir. Je suis saisi d'effroi en comprenant que des enceintes, dissimulées dans les jardinières, diffusent une version d'*Hotel California* à la flûte de pan.

C'est une présence permanente, un arrière-plan auquel on finit par ne plus prêter attention. Ils sont partout et ils sont invisibles. On les aperçoit dès l'aéroport, débarquant par dizaines des hautes vallées de l'Himalaya ou des plaines fluviales du sous-continent. Ils sont plantés au bord des routes, pelle ou marteau-piqueur en main. Sur les échafaudages des stades et des tours en devenir. Ils portent des casques orange, des gilets jaunes, des bleus de travail rendus gris par la poussière, et une écharpe sur le visage pour ne pas avaler trop de cette terre qui pourrait bien finir par les engloutir. Aux heures les plus chaudes, on les aperçoit parfois sur une pelouse, allongés à l'ombre d'un arbre, à grappiller quelques minutes de sommeil. Petits hommes emmitouflés, d'une robustesse inimaginable, ils sont les figurants du rêve qatari.

Indispensables dans le décor, jamais une ligne de texte.

Le sort des ouvriers de la construction, Népalais pour la plupart, constituant l'essentiel du stock de main-d'œuvre, est largement documenté. De nombreuses ONG ont alerté l'opinion internationale sur leurs conditions de travail. Contrats mensongers, passeports confisqués, salaires misérables et cadences infernales. *Germinal* par quarante-cinq degrés, des gueules brunes dans la mine de sable. C'est un massacre, on recense des dizaines de morts chaque année. Quant au concept de grève, il n'existe pas ici. Des ouvriers travaillant au Sheraton ont tenté un mouvement de protestation : expulsés.

Des journalistes se sont penchés sur la question et ont rapporté des images accablantes. D'autres se sont fait éjecter. J'ai entendu l'histoire de ce reporter candide qui, à peine arrivé à Doha, s'est rendu à l'ambassade du Népal. À la sortie du bâtiment, la police l'attendait pour le raccompagner à l'aéroport. L'entrée des camps de travailleurs est interdite et les intrus ne sont pas admis sur les chantiers. Au Qatar, il est plus facile de parler avec une femme en niqab qu'avec un ouvrier.

J'ai sympathisé avec Fouad, un cadre libanais travaillant sur le chantier d'une caserne. Il occupe un poste de décision intermédiaire, disons, de responsable des achats. Il est d'accord pour m'emmener jeter un coup d'œil, vite fait, discrètement.

Nous arrivons en début de soirée, l'obscurité me permet de me fondre dans le paysage des préfabriqués. Fouad esquisse à grands traits le schéma hiérarchique en vigueur. Les ingénieurs sont occidentaux, les contremaîtres arabes, les administratifs indiens, les ouvriers népalais, sans oublier les Africains à la sécurité.

C'est l'heure où les bus se remplissent. Les ouvriers alourdis par une journée de poussière montent dans le véhicule pour rentrer dormir dans leur camp, à des dizaines de kilomètres de là. Un agent de sécurité est chargé du comptage.

— Il vérifie qu'ils sont tous là. Parfois, il y en a qui s'évadent, explique Fouad.

Il a bien utilisé le verbe « s'évader ».

— Ne crois pas que j'adhère à ce système, précise-t-il. Mais qu'est-ce que tu veux faire ?

Cette impuissance résignée (ou complice, je vous laisse décider) traduit le sentiment de la plupart des expatriés bien lotis. C'est injuste, nous n'avons pas de prise là-dessus, on finit par fermer les yeux, aidés en cela par des salaires plus que confortables. La force de l'habitude fait le reste.

— Ça me rend triste. Si tu ajoutes à ça tous les problèmes du monde arabe, les guerres, le terrorisme, il ne faut pas s'étonner que les gens nous prennent pour des sauvages. Alors que dans notre culture orientale, il y a de belles choses, de la solidarité, de la fraternité, soupire Fouad qui est effectivement une crème d'homme.

En repartant, il pointe les arbres qui viennent d'être plantés en bordure du chantier.

— Tu vois, ces palmiers sont importés de Floride. Ils coûtent 10 000 dollars pièce. Il y en a des centaines.

Lors de leurs rares jours de repos, les ouvriers payés 57 centimes d'euros de l'heure pourraient se promener dans les malls. Ils ont autre chose à faire (dormir ou laver leurs vêtements) et de toute façon la police leur en interdit l'accès. Ce n'est pas inscrit dans la loi, ça se pratique dans les faits. Ceux qui construisent les centres commerciaux n'ont pas le droit d'y mettre les pieds. Ceux qui grimpent au sommet des échafaudages sont au plus bas de l'échelle sociale. L'espace public est cloisonné selon des critères socio-ethniques : on peut appeler ça un apartheid.

Histoire de Sam

— Ils mentent sur les contrats. Le recruteur passe chez nous au village. Il te donne un contrat à 1200 euros par mois, logé. C'est une bonne opportunité, tu signes. Au bout du compte, c'est 250 euros pour onze heures de travail par jour. Du coup, je conduis ce taxi dix-neuf heures par jour, je te jure, pour gagner 600 euros par mois. On est logés dans des baraquements à huit dans une chambre où il n'y a pas la place de mettre une table. Pourtant, on est des humains, non ?

Quand tu te rends compte que tu t'es fait avoir, tu es coincé. Ils ont ton passeport.

Et puis il y a cette règle du code de la route : si tu as un accrochage avec un Qatari, tu as tort. On te percute par l'arrière alors que tu es arrêté au feu rouge, tu es en tort. Ça arrive tout le temps.

J'ai bientôt fini mon contrat de deux ans, je vais rentrer au Kenya. J'ai tenu. J'ai pu économiser un peu d'argent pour reprendre des études.

Certains ne tiennent pas. Alors pour se faire virer du boulot et du pays, ils font n'importe quoi. Ils cassent la gueule du manager, ils se déshabillent n'importe où, ils prennent la voiture et ne reviennent pas pendant une semaine. Ils se font arrêter et expulser.

Histoire de Nandilla

— Pardon, je pleure.
— Pourquoi vous pleurez ?
— Ma maman est malade.

Nandilla travaille dans une boutique qui vend des photos anciennes dans le Souq Waqif. Elle est toute petite, srilankaise, porte un voile mauve, ainsi qu'un léger duvet de barbe. Elle appartient à cette minorité musulmane coincée entre les hindous tamouls et les bouddhistes cingalais de l'ancienne Ceylan. Sa mère, restée au pays, a soixante-dix ans.

— Je lui envoie par avion les médicaments qu'elle ne peut pas se procurer. Ça m'a coûté 200 dollars. Je gagne 220 dollars par mois. Comment je vais manger pendant un mois avec 20 dollars ? La vie est si chère ici.

— Personne ne peut vous aider ?

— Ça fait treize ans que je vis ici et je n'ai pas d'amis parce que je ne fais que travailler. Mon père est mort, je n'ai pas de frère et sœur. Je n'ai que ma mère et je ne trouverai jamais de mari.

— Mais si, allons, pourquoi dites-vous ça ?

— Je suis vieille, j'ai trente-trois ans.

— Combien, quarante-trois ans ?

— Non, trente-trois ans. Vous ne pouvez pas comprendre, vous êtes jeune, vous.

— En fait, j'ai cinq ans de plus que vous.

— Mais pourquoi vous avez encore l'air d'un gamin ?

Parce que ma vie est beaucoup moins compliquée que la tienne, madame.

Histoire de Samir

— Je suis venu après la révolution pour bosser dans la restauration. Mais ici dans leur tête, ils vivent comme en 1900. Quand tu es étranger, il faut baisser les yeux. Avec leur système de parrainage, ils ramassent 50 % sur tous les business, sans travailler. Nous, les Tunisiens, depuis 2011 on se laisse plus faire. On peut pas dire « dégage », ils sont chez eux. Alors je vais pas rester.

Les Grecs et les Romains peuvent aller se rhabiller. Je n'ai jamais vu un amphithéâtre aussi grand. Les dimensions sont pharaoniques – on devrait peut-être dire émirionique. C'est sans doute le but des émirs, devenir des adjectifs. Rester dans l'Histoire comme des bâtisseurs sans égal. Nous sommes à Katara, le village culturel de Doha qui accueille, outre l'amphi central, un opéra, un cinéma, des centres de conférences, une plage, un souk, une mosquée et une galerie d'art dans laquelle je me suis introduit.

On ne s'imagine pas à quel point un vernissage peut être ennuyeux sans alcool. Les petits-fours ont beau être de qualité supérieure, il manque le lubrifiant nécessaire pour supporter les affres de la mondanité. Je suis là pour forcer ma chance : les circonstances sont idéales pour se lier. Il y a des huiles, j'espère bien me faire inviter dans un majlis, cet espace social garni de tapis et de coussins où les clans familiaux se réunissent, chicha à portée de main, pour discuter des affaires en cours. Car les jours filent et je n'ai toujours pas avancé sur le dossier « Devenir ami avec des Qataris ».

Yousef Ahmad est artiste officiel. On inaugure ce soir la rétrospective qui lui est consacrée. Morceaux choisis de son œuvre des années 1970 à aujourd'hui. Ahmad a commencé dans la croûte figurative, il roule désormais des feuilles de papier en petits tubes alignés pour former des motifs géométriques arrachant à l'observateur un hochement de tête poli. Ces tubes installés verticalement symbolisent-ils les tours qui envahissent Doha ? Il faudrait que je lui demande.

L'artiste fait visiter l'exposition au ministre de la Culture. Comme dans n'importe quel vernissage, l'art est secondaire et il s'agit avant tout de réseauter. L'ambassadeur de France fait preuve d'une remarquable habileté (c'est son métier) pour glisser quelques mots stratégiques au ministre. En dix minutes, il a sûrement plus avancé sur son dossier qu'en trois rendez-vous officiels. Fluidité, tact et bonhommie : l'élégance à la française est ici bien représentée. Quand il a terminé avec son ministre, l'ambassadeur m'invite à passer boire un café à l'occasion. (J'ai contacté son bureau par la suite, on ne m'a jamais fixé de rendez-vous.)

Un diplomate me présente l'éminence grise du ministre, son influent conseiller. La conversation a lieu en arabe. On parle de moi, le diplomate fait office d'interprète.

— Julien est au Qatar pour écrire un livre.

— Nous pourrons le traduire en arabe. À nos frais.

C'est formidable, dis donc, mais tu ne voudrais pas savoir de quoi ça parle, avant ? Ou éventuellement t'enquérir de mon travail antérieur ? Voire, soyons ambitieux, me dire bonjour ?

— On peut lui trouver un éditeur en France sans problème, en faisant jouer nos contacts.

La conversation s'arrête ici, le conseiller du ministre a mieux à faire. Il ne m'a ni adressé la parole, ni serré la main, ni regardé une seule fois.

Son attitude est déroutante. La proposition est généreuse, traduire un ouvrage a un coût. J'ai toutefois la désagréable impression qu'il cherche à m'acheter. Pire, qu'il veut m'acheter sans s'intéresser à moi. Par réflexe. Vous me mettrez aussi un écrivain.

Je tente d'alpaguer l'artiste en lui posant une première question (Est-ce que ces tubes verticaux symbolisent la nouvelle Doha ?), il me répond « oui, oui » et s'éclipse pendant que je pose la seconde. Il y a une clé que je ne dois pas actionner comme il faut. Ce n'est pourtant pas faute d'être rompu aux codes des mondanités, je sais me faufiler. D'ordinaire, quelles que soient les différences culturelles, il suffit d'aller vers les gens et de montrer qu'on s'intéresse à eux – les gens adorent qu'on s'intéresse à eux, c'est vrai aux Fidji comme au Cameroun. Ici, ça ne marche pas. J'ai peut-être perdu mon mojo. Le diplomate français me rassure. « Il faut dire ce qui est : les Qataris, on ne les connaît pas. On ne vit pas avec eux, on ne les fréquente pas beaucoup en dehors des relations professionnelles. J'ai vécu dans une dizaine de pays arabes, les Qataris sont les plus durs à approcher. » Lui a toutes les cartes en main. Il est arabophone, d'origine algérienne, possède une connaissance aiguë des cultures musulmanes. Et il n'y arrive pas non plus.

Pourtant, le Qatar vante sa « tradition d'hospitalité ». C'est écrit en très gros sur le site de l'office du tourisme. De fait, il sait mettre les petits plats dorés dans les grands quand il s'agit d'organiser des festivals et des conventions sur tout et n'importe quoi, d'accueillir hommes d'affaires et politiques en grande pompe. On maîtrise l'art du petit ou du gros cadeau de bienvenue, et les élus français de tous bords ne sont pas les derniers à venir à la soupe. On sait recevoir, en mettre plein la vue. Mais ça reste professionnel.

Où est passée l'hospitalité arabe désintéressée ? J'ai voyagé au Maroc, en Égypte, en Jordanie, dans les Territoires palestiniens. Chaque fois on m'a invité dans les maisons, on m'a forcé à avaler des kilos de loukoums préparés par la grand-mère, on m'a cédé les meilleures places dans le bus parce que j'étais étranger. Ici, *walou*.

Je ne me heurte pas à de l'hostilité, plutôt à une réserve, une distance qui affirme sans ambiguïté : n'entre pas dans cette zone, je ne veux pas être ton ami. Tous les vents que je me prends commencent un peu à m'agacer.

Écrire un livre de voyage, c'est une déclaration d'amour. On égratigne parfois, on ironise, on témoigne des saloperies ou des absurdités dont on est témoin, mais on vante surtout des charmes, on dissèque la beauté, on tente de transmettre des bouquets de sensations. On passe des mois dessus, c'est un signe d'engagement, une preuve d'affection. Si tu ne te donnes pas un minimum, petit Qatar, comment veux-tu me séduire ? Tu es fermé à double tour. Montre-moi comment t'aimer. Notre histoire est partie du mauvais pied. Je ne l'enterre pas tout de suite, mais si tu persistes à bouder, je vais finir par m'éloigner. J'ai besoin d'espace. Il est peut-être temps de faire une pause.

Perché sur un pont, je ressasse mon désœuvrement en regardant passer des gondoles chargées de passagères en niqab qui s'extasient devant les trompe-l'œil du palais des Doges.

Doha ne manque pas de centres commerciaux. Celui-ci se présente sous la forme d'une réplique de Venise, comme à Las Vegas, avec ses canaux chlorés, ses palazzi en carton-pâte et sa climatisation frigorifique. À l'autre bout de Doha, c'est tout un quartier qui est bâti sur le modèle vénitien, façades pastel et résidences clés en main, dans une évidente volonté de repousser les limites du kitsch.

Qu'est-ce que c'est que cette obsession de construire des Sérénissime en toc ? Si Venise est merveilleuse, c'est parce que chaque pierre porte mille ans d'Histoire. Et moi, depuis combien de temps suis-je ici ? Comment en suis-je arrivé là, alors que les centres commerciaux, emblèmes du rien, sont la chose que je déteste le plus au monde (après l'injustice et la guerre, toutefois)? Je projette de plaquer une cliente au sol avant qu'elle n'achète une nouvelle paire d'escarpins. Arrête ça tout de suite, pauvre folle, ces chaussures ne te rendront pas plus heureuse et, non contente de subir la domination masculine, tu t'enfonceras encore davantage dans l'aliénation consumériste qui nous mène au précipice.

Mon attention se focalise sur le chapeau à pompon du gondolier philippin et une digue intérieure cède. Un grand vide s'empare de moi. Je suis traversé par une pulsion sauvage : il faut que je me déshabille et plonge de ce pont en hurlant comme Tarzan, car la vie n'a aucun sens.

Suis-je le personnage d'un *Truman Show* ? Qu'est-ce qui me prouve que je ne vis pas dans un roman de Philip K. Dick ? Je crois écrire un livre, mais n'est-ce pas le livre qui est en train de m'écrire, ou de m'effacer ?

Je pense à Nietzsche à Turin, s'effondrant devant le spectacle d'un cheval fouetté par son cocher. Je crois que je suis atteint par le même type de foudre. Tout s'interrompt, le monde est sur pause, le temps n'a plus cours. Il n'y a plus qu'un flux de conscience d'une acuité dévastatrice. Bouddha aussi est passé par là, vous savez. C'est clair comme de l'eau de roche : je suis victime d'une micro-crise existentielle sur un pont des Soupirs en plastique. Il faut que je déguerpisse. Je me mets à courir sur les dalles en marbre rose du mall aquatique, les boutiques Versace et Lenôtre défilent entre deux réverbères et la phrase « pourquoi pas Venise quand les fontaines s'allument ? » tourne dans ma tête. Sous les arcades, Armani a remplacé Véronèse. Les lettres lumineuses d'une enseigne Gap me renvoient vingt ans en arrière, il faut que j'appelle ma mère. La place Saint-Marc a été rebaptisée Gondolania, elle accueille, je le jure, des montagnes russes et des auto-tamponneuses. Si je ne sors pas d'ici tout de suite, le monde s'effondrera pour de bon et j'aurai cotisé pour rien.

Là, une issue. Les portes automatiques s'écartent et le choc thermique me saute à la gorge. Le parking s'étend sur vingt-deux hectares. Où est ma calèche ? Je n'ai pas la moindre idée de la marque, du modèle ou même de la forme de mon véhicule. Ce sont des informations que je ne parviens pas à intégrer. Je divague parmi les Land Cruiser en appuyant frénétiquement sur le bouton de déverrouillage de ma clé et au bout d'un laps de temps indéfini, une voiture réagit. Elle est blanche. Je démarre, roule quelques centaines de mètres avant d'être bloqué par un feu rouge. Un œil dans le rétroviseur.

J'ai peur que des gondoliers me poursuivent. Ils vont bien finir par se rendre compte que je me suis échappé et le fantôme de Nietzsche – celui qui s'habille chez Gap – viendra m'attraper par la peau du cul et je serai condamné à faire du manège en abaya devant le Rialto jusqu'à ce que j'atteigne l'âge de la retraite. Pour faire diversion, je ressasse mon mantra fétiche. Il a la simplicité d'une formule de bistrot, la force des sagesses anciennes, et il m'a sauvé la mise plusieurs fois. *Si tu n'es pas bien ici, va ailleurs.*

Je n'avais pas prévu d'aller au Bahreïn. Puis on m'en a dit du bien à deux reprises. On m'a vanté l'authenticité de la culture, un accueil chaleureux. J'ai pris un billet d'avion pour le lendemain, je n'avais rien de mieux à faire. La capitale, Manama, se trouve à quarante minutes de vol de Doha. C'est tout petit, je ferai vite le tour de l'archipel, en toute insouciance.

Je partais le cœur léger comme mon bagage, remis à neuf par la promesse d'un nouveau pays. Deux T-shirts, une brosse à dents, ma carte bleue, mon passeport et un livre. Pas de valise en soute. J'allais débarquer sans rien connaître – ou si peu –, sans guide, sans réservation, heureux de renouer avec l'improvisation et la sérendipité. Flâner sans but pendant quelques jours et repartir. Ou rester, si j'en ai envie. Vraiment, c'était une bonne décision.

L'avion de la Gulf Air est presque vide, à peine une vingtaine d'Indiens, tous équipés d'une moustache. Je vais vite sortir de l'aéroport (l'avantage de ne pas avoir de bagage), dire « *downtown* » au taxi, trouver un petit hôtel au hasard et marcher dans la rue jusqu'à ce qu'il se passe quelque chose. Il se passe toujours quelque chose. Le contrôle des passeports ne posera pas de problème, c'est un pays beaucoup plus ouvert que le Qatar, on n'a cessé de me le répéter. Bien sûr, comme il se trouve que je ne suis pas complètement stupide, je n'inscris pas « journaliste » ou « écrivain » dans la case « Profession » de la fiche de débarquement. Je ne doute pas de la chaleur de l'accueil que je vais recevoir ; le Bahreïn n'en reste pas moins un régime autoritaire. Je réponds donc « communication », un terme suffisamment flou pour ne pas susciter la méfiance.

Le douanier inspecte mon passeport d'un air suspicieux. C'est son métier. Je les connais les douaniers, ce ne sont pas des rigolos mais il est rare qu'ils me fassent des complications. J'entretiens des relations cordiales avec les autorités sur tous les continents. Je sais parfaitement jouer le benêt quand on me soupçonne d'être un espion (technique efficace et éprouvée : faire croire aux imbéciles qu'ils sont plus intelligents que vous, ça les rassure). Et, foncièrement, j'ai une tête d'innocent. Mais lui, là, il envoie mon passeport dans le bureau du chef et me demande de m'asseoir cinq minutes. Il a le temps de faire du zèle, tout simplement, vu le peu d'affluence. Je ne suis pas inquiet.

L'homme qui s'approche arbore un uniforme et un air peu commode :

— *Are you a journalist ?*

Ce militaire est-il devin, spécialiste de la morphopsychologie (il a réussi à découvrir ma profession dans la forme de ma mâchoire, bien joué) ou doté d'un flair à toute épreuve ? Je me ravise : il a tout simplement accès à internet. Il a dû entrer mon nom dans Google, qui m'a trahi. Quoiqu'il en soit, je suis débusqué.

Suis-je journaliste ? C'est une question que je me pose souvent. Il se trouve que j'ai une carte de presse, je suppose donc que oui, mais je ne viens pas ici pour un journal. Je viens humer l'atmosphère et prendre quelques notes dans l'optique d'écrire éventuellement quelques lignes dans un récit de voyage. Cette distinction risque, je le crains, d'échapper à mon interlocuteur.

Ne pas mentir. En un clic, il trouvera mes articles. Ça va peut-être se révéler plus compliqué que prévu. Biaiser.

— Ce n'est pas mon activité principale. Il m'arrive de publier quelques articles sur le tourisme.

— Alors il vous faut un visa de journaliste.

Visa de journaliste qu'il ne faut jamais demander, tous les journalistes savent cela.

— Et je peux le prendre ici ?

— Non, il faut retourner à Doha pour faire la demande. Ça prend trois jours, si on vous l'accorde, monsieur Benyamin.

Pourquoi m'appelle-t-il Benyamin ? Ce n'est pas mon nom. Ah si, un peu, j'avais oublié. C'est mon deuxième prénom. Julien Benjamin Blanc-Gras. Il n'a retenu que celui-là, celui qui peut sonner juif, et ici, ils ne sont pas fans. Mon dossier s'alourdit. Je tente de sortir les violons, sans trop y croire.

— Oui, mais enfin, je viens faire du tourisme, rien d'autre (c'est presque vrai). Je viens en ami pour découvrir votre beau pays, on m'a vanté l'accueil bahreïni.

Le militaire ne prend pas la peine de me répondre, se contentant d'une expression qui peut être interprétée par « t'as rien de mieux ? »

Me voilà victime de la paranoïa d'une dictature et des préjugés antisémites, ce qui n'est déjà pas terrible en soi, et devient franchement absurde quand on n'est pas juif.

Je ne vais pas lui faire le coup du « songez à l'image que vous renvoyez de votre pays », il est hautement probable qu'il n'en ait rien à foutre. Pas utile de sortir les grands mots. Liberté de circulation, liberté de la presse, ces notions n'ont pas vraiment cours ici. Le pays renvoie l'image d'un régime sunnite qui opprime les chiites, pourtant majoritaires, et torture les opposants politiques sans trop sembler se soucier de l'impact médiatique.

Je tente un dernier subterfuge.

— Je comprends, je respecte vos lois (connard), mais il n'y a pas moyen de s'arranger ?

— Désolé, on ne peut pas vous accepter sur le territoire.

C'est foutu, il ne peut pas revenir là-dessus. S'énerver n'arrangerait pas la situation. J'insiste encore, par acquit de conscience, il ne m'écoute plus.

— Allez au comptoir de la compagnie aérienne, on va vous trouver un vol.

Je traverse l'aéroport, dépité comme un footballeur qui a raté un penalty en finale. À travers les grandes baies vitrées, je vois la ville. Manama me tend les bras. Je ne la verrai pas. Un pays en moins.

Des hélicoptères sillonnent le ciel, il faut dire que des élections (bidonnées) se tiennent ce week-end. Ce sont les premières depuis les insurrections (réprimées dans le sang) de 2011. L'opposition chiite a appelé au boycott du scrutin. La situation est tendue, ce qui explique sans doute la fermeté des services de l'immigration.

Faisons preuve de sagesse dans l'adversité et acceptons notre destin en prenant du recul. Je suis furieux de ne pouvoir accéder à mes droits fondamentaux de touriste. Des millions d'autres, aux frontières, se font refouler pour avoir eu l'outrecuidance d'essayer de survivre. Ici même, des gens meurent pour un peu de liberté. Je trouve au malheur du monde des vertus réconfortantes, ce qui prouve probablement que je suis une mauvaise personne.

— Ça fera 120 dollars pour le vol retour, m'indique-t-on au guichet de la Gulf Air.

Voici peut-être un moment judicieux pour perdre mon calme proverbial. J'ai déjà payé mon aller-retour (pour rien), il est hors de question que je sorte un centime de plus pour avoir le droit de me faire expulser. C'est ce que j'explique à l'employée qui, percevant l'indignation légitime dans le ton de ma voix et peut-être le meurtre dans mon regard, décroche son téléphone.

Elle parle à quelqu'un et me dit : OK.

Je n'ai plus qu'à poireauter huit heures dans la zone d'embarquement pour retourner à mon point de départ. Le Starbucks diffuse le dernier Justin Bieber, dans un évident complot visant à me faire ressentir au plus profond de ma chair le sens de l'expression « boire le calice jusqu'à la lie ». Je feuillette le quotidien local : encore une *Pravda*. Je me perds dans la contemplation d'une Maserati exposée au duty free en me demandant si quelqu'un va l'acheter et repartir avec. En face de moi, une femme joue à Angry Birds sur son iPhone et je suis curieux de savoir comment elle procède car tout son corps, yeux compris, est couvert de tissu. Peut-être, comme Luke Skywalker, maîtrise-t-elle la force et a-telle développé une super vision qui la dispense de recourir à sa rétine. Comment vit-on le monde à travers un rideau ? Je prends soudain conscience des côtés pratiques de cet accoutrement : on peut roter et se curer le nez sans se faire gauler. Ce voyage avorté m'aura au moins servi à ça, augmenter ma compréhension de la condition féminine.

Toujours est-il que tu ne veux pas de moi, Bahreïn. Moi, le promeneur qui a traversé cent onze frontières, et non des moindres. (Parenthèse pour indiquer que le passage de douane le plus tortueux qu'il m'ait été donné d'effectuer n'a eu lieu ni aux USA, ni à Cuba, ni au Nigeria, ni en Israël, ni en Russie mais en Nouvelle-Zélande, là où on ne s'y attend pas forcément.) J'ai posé le pied en Corée du Nord et toi, petit Bahreïn, tu me refuses tes charmes. On connaît à peine ton existence de par chez moi, j'aurais pu jeter une petite lumière sur tes attraits, mais tu préfères m'éconduire et rester dans l'ombre. Petite allumeuse, tu m'as chauffé, fait des œillades, et maintenant tu me snobes, cruelle. Mais je te préviens, je suis un insistant en géographie. Un jour, je t'aurai, ma belle.

Le soleil nous quitte, j'embarque dans l'avion pour Doha et regagne la chambre d'hôtel que j'ai quittée à l'aube. Bilan de cet épisode : beaucoup de frustration, une journée et quelques centaines d'euros perdus. Un chapitre gagné.

De retour au Qatar, je décide de faire le tour du pays pour vérifier qu'il est vide. Passé le chaos des embouteillages de Doha, je me lance sur une autoroute surmontée de ponts inachevés et encombrée de camions acheminant leurs cargaisons vers les chantiers qui repoussent les limites de la ville. Caravanes de bétonneuses et dunes de ciment : voilà le visage de ce désert qui n'en sera bientôt plus un.

Un panneau indique Al-Khor, je tourne. C'est la deuxième ville de l'émirat, je nourris quelque espoir d'y dénicher une touche d'authenticité puis je me souviens que ce mot ne veut rien dire. J'ai vu une photo d'Al-Khor dans un livre des années 1970, c'était un village délabré avec des ânes et des charrettes. Il abrite aujourd'hui un petit port d'une parfaite banalité moderne. Des hommes repeignent la coque d'un chalutier, des mouettes se bidonnent. Je photographie des bateaux et un vieux Qatari me gueule dessus avec de grands gestes indiquant de manière assez claire qu'il m'intime l'ordre de dégager. Bien, je ne comptais pas m'attarder.

La route du nord conduit à l'antre d'un dragon cracheur de feu, un monstre industriel nommé Ras Laffan. C'est le terminal de gaz naturel liquéfié, trésor extrait d'une poche sous-marine partagée avec l'Iran. Le Qatar n'est pas un pays pétrolier. Pas en premier lieu, du moins. Sa richesse provient avant tout du gaz, dont il détient la troisième réserve mondiale. On pourrait croire que son exceptionnelle réussite économique n'est qu'un cadeau d'Allah, qui a mis tous ces hydrocarbures à sa disposition. Ce serait réducteur. Combien de pays au sous-sol abondant, en Afrique notamment, voient leur population engluée dans la misère à cause de quelques profiteurs locaux et multinationaux qui confisquent le bien commun ? Les dirigeants du Qatar, eux, redistribuent généreusement à leur maigre population. Il n'y a pas d'impôt sur le revenu. Transports, santé et éducation sont quasiment gratuits. C'est une manière efficace d'acheter la paix sociale. Quand les révolutions arabes ont fait chuter quelques vieux dictateurs en 2011, la population qatarie n'a pas bronché. Pourquoi se révolter lorsqu'on roule en Porsche ?

Je n'emploierais pas le terme de despotisme éclairé mais de despotisme partageur, alors que tant de despotes sont kleptocrates. Les Al Thani sont généreux au point de partager le despotisme avec leurs sujets. C'est là le coup de génie. Les Qataris n'ont aucune liberté politique mais il leur est permis de rudoyer légalement ceux qui n'ont pas le bon goût d'être nés Qataris. Quand on ne peut pas s'en prendre à ceux qui vous dirigent, on compense en dominant ceux d'en dessous, ceux d'ailleurs.

J'aurais voulu approcher le dragon gazier, mais on n'entre pas sans autorisation sur un site aussi stratégique et je me fais refouler au check-point situé à des kilomètres de la bête. Je continue vers le nord, tout droit jusqu'au bout du territoire. Plus de circulation, rien qu'une large bande de route tracée dans la rocaille ingrate. Des panneaux recommandent de se méfier des chameaux et des plaques de sable. Le Qatar est une presqu'île de silice. Ce pays s'érige sur des fondations friables. Les autoroutes sont vides, elles ne le resteront pas bien longtemps. Elles ne mènent à rien aujourd'hui. Demain, il y aura quelque chose ici. À la pointe septentrionale du pays roupille une bourgade sans commerces, sans animations, sans rien si ce n'est un gigantesque centre sportif déposé là, absurde, qui pourrait contenir cinquante fois la population de la région.

Une route plus étroite me conduit sur le littoral ouest jusqu'au fort Al-Zubarah, fierté récemment inscrite au patrimoine mondial de l'Unesco, à la suite d'un intense lobbying et de quelques gros chèques. C'est un fortin du XVIIIe siècle qui présente un intérêt restreint, mais qui a le mérite d'être un témoignage historique solide. Cela reste la chose la plus vieille que j'aie vue dans ce pays, où le présent semble instantanément balayé par le vent.

Je voudrais revenir à Doha par l'ouest, en faisant un crochet par le camélodrome. Aujourd'hui, les chameaux de course sont montés par de petits robots. (Là, je crois qu'on a le droit d'employer l'expression « entre tradition et modernité »). Auparavant, les bêtes étaient chevauchées par des enfants, des petits Soudanais. Un gamin est mort lors d'une course et la cheikha Moza a décrété que ça suffisait, d'où l'instauration des robots-jockeys. Quelqu'un m'a dit que les chameaux portaient des moufles, mais je ne me souviens plus qui, ni pourquoi – il devait être tard. Depuis, je me creuse la tête : à quoi bon mettre des moufles à des chameaux en plein désert ?

Tandis que je me pose ces questions essentielles, la nuit est encore tombée (j'ai l'impression que ça se produit tous les jours). J'allume l'autoradio et Mireille Mathieu envahit l'habitacle. Sous le choc, je frôle l'accident (obéissant à un instinct de survie archaïque, j'ai lâché le volant pour me boucher les oreilles). L'animateur annonce ensuite un enchaînement de tubes des grands Michel, et Polnareff, Sardou, Fugain, Jonasz et Delpech se succèdent sur les ondes d'Oryx FM, le principal média de la communauté française qui, entre deux décrochages sur RFI, distille les nouvelles de la vie locale. Cinq fois par jour, les programmes s'interrompent pour diffuser l'appel à la prière. On écoute Noir Désir, puis le muezzin entonne *Allah akbar* de sa plus belle voix, et on reprend sur Joe Dassin. Enchaînements hypnotiques qui produisent chez le conducteur égaré dans la nuit d'un désert d'Arabie un léger froissement du réel.

Soudain, la chaussée se dérobe. La perfection goudronnée et rectiligne s'interrompt brutalement. Elle n'existe plus. Du goudron, puis du sable, puis rien. Cette route ne menait donc nulle part.

Je gare ma voiture devant le rond-point de Katara, le village culturel, où j'ai repéré une poignée de jeunes qui glandent autour de leurs motos. Pas n'importe quelles motos. Des gros cubes de chez Suzuki ou Honda, modèles customisés et décorés de mangas criards. J'ai décidé de passer à la vitesse supérieure sur le plan des interactions sociales. Si on ne m'invite pas, je vais m'incruster.

— Salut les gars, vous faites quoi ?

Je sais bien ce qu'ils font : ils tuent le temps. Ils s'ennuient comme des mecs de vingt ans qui ne peuvent ni aller boire un verre avec une copine, ni sortir danser.

Alors en guise de transgression, on roule et on roule vite, une façon de fuir comme une autre. Faute de serrer une petite dans ses bras, on chérit une grosse cylindrée. Il y a une passion pour la mécanique dans ce pays où l'essence ne coûte rien. Les Qataris sont des conducteurs épouvantables qui n'ont même pas l'excuse d'être sous l'emprise de l'alcool. À Doha, les soirées de fin de semaine sont rythmées par le bruit des crissements de pneus. On zigzague, on klaxonne, on dérape, on fait la course avec les copains. C'est un sport national pour la jeunesse dorée et désœuvrée.

Mes motards m'accueillent avec surprise mais sans animosité. Dans ma stratégie d'intégration lourdingue, je m'extasie sur les deux-roues, je joue au connaisseur, alors que peu de domaines m'intéressent moins que la mécanique. Mon niveau de compétence est proche du néant, je n'ai pas la moindre idée de ce que peut être un joint de culasse (ma théorie : c'est un terme inventé par les garagistes pour arnaquer les braves gens). Que veut dire le mot cylindrée, exactement ? Et si ces machines sont de telles merveilles de technologie, pourquoi ont-elle encore besoin de bougies pour fonctionner ? Quoi qu'il en soit, il faut que j'alimente la conversation en expert détendu et complice, que je pose une question pertinente me cataloguant d'emblée comme membre de la grande fratrie internationale des motards.

— Et elles vont vite, ces motos ?

— Avec celle-là, je fais des pointes à 360 km/h.

Mohamed, le propriétaire du bolide, porte un petit bouc, une combinaison intégrale, les gants et les bottes du vrai biker. Il me propose de monter sur son engin. Ça ne m'intéresse pas du tout de faire de la moto, mais je ne peux pas refuser l'invitation sincère et spontanée d'un Qatari ; c'est ce que je cherche depuis mon arrivée. J'accepte donc, à condition qu'il me promette de ne pas monter à 360 km/h. Après une courte balade au ralenti, permettant toutefois d'entrevoir la puissance de la bête, nous revenons au rond-point. Je remercie Mohamed pour la virée, il sort une pipe et me propose de fumer de l'herbe. Je le laisse tirer sur son calumet avant de lui demander :

— Tu fais quoi comme métier ?

— Moi ? Je suis policier.

Son camarade Hussain parle français. Il a une maison à Levallois.

— Ta famille vit en France ?

— Non, c'est juste pour les vacances. On en a une autre à Melun.

Hussain arbore un look West Coast, casquette de travers, baskets argentées, cheveux longs, T-shirt siglé. Il me montre une vidéo sur son iPhone. C'est un 4 × 4 qui avance sur deux roues pendant des centaines de mètres, comme dans

James Bond. Très bonne maîtrise de la conduite acrobatique.

— On apprend à conduire jeune, à douze ans, dix ans parfois, explique-t-il.

Certes, mais pourquoi s'acheter un 4×4 si c'est pour conduire sur deux roues ?

Que ce soit avant ou après avoir fumé, mes camarades motards font preuve d'une certaine apathie. Ils ne décochent jamais un sourire. On a affaire à des jeunes gens, la vie devant eux, qui n'ont pas à s'inquiéter pour leur futur financier. Ils vivent dans un pays dynamique qui se projette vers l'avant. Leur position est enviable. Alors où est passée la joie ?

Hussain est encore lycéen, il joue dans l'équipe nationale de football des moins de dix-neuf ans. En 2022, il aura vingt-six ans. Il peut raisonnablement espérer jouer la Coupe du monde. Tous les gamins en rêvent, c'est envisageable pour lui. Il hausse les épaules, blasé. Abdallah, un troisième larron en dishdasha, timide et rongé par l'acné, étudie le commerce. Non, il ne sait pas trop ce qu'il veut faire de sa vie.

J'ai envie de secouer ces enfants gâtés, inconscients de leur chance et ternis par leur manque d'ambition. L'avenir vous appartient, les gars. Qu'allez-vous en faire ?

— On va se marier, répond Hussain sur le ton de l'évidence.

Vu la tête qu'il tire, cette idée ne le remplit pas d'allégresse. Lorsqu'on pense aux mariages arrangés, notre compassion va généralement aux femmes. Notons que ce ne doit pas être très réjouissant non plus pour un homme d'attacher sa vie à une personne qu'il n'a pas choisie. Le destin de ces jeunes est tracé par la tradition. Ils supportent le poids d'une société où l'individu est subordonné à la famille. C'est peut-être pour ça qu'ils font la gueule.

Bien sûr, il existe des interstices où vivre sa vie à l'écart des conventions. On drague aussi au Qatar, il faut simplement être discret. Tout se joue aux ronds-points, la nuit, quand les conducteurs roulent au ralenti à la recherche d'un eye contact furtif. Ou dans les embouteillages, où on se lance par la fenêtre des numéros de téléphone inscrits sur des bouts de papier. Ou encore dans les malls et les cafés, via le Bluetooth (pas besoin de se parler pour entrer en contact).

L'adultère est tabou ; il est toutefois répandu. Comment s'en étonner quand on ne se marie pas par amour ? Paradoxalement, l'infidélité féminine est facilitée par les tenues couvrantes. Il suffit de changer de sac et de chaussures pour se déplacer incognito. J'ai entendu des histoires concernant des mères de famille que je n'ose même pas retranscrire ici.

Lorsque le réel compte moins que l'apparence, une forme de double pensée se met en place. Je m'abstiendrai de jeter la pierre sur cette hypocrisie puritaine. Toutes les sociétés ont besoin d'une dose de mensonge pour fonctionner. Les nôtres aussi. Il est simplement plus facile de remarquer l'hypocrisie chez les autres.

May hurle de joie et de terreur en rebondissant sur le siège arrière. Je m'agrippe fermement à la poignée, les secousses sont sévères. Au volant, Jon ricane en dérapant dans le sable. Le 4×4 dévale les dunes, décolle sur les bosses et patine à l'occasion. Elle est malaisienne, mesure moins d'un mètre cinquante, travaille pour une compagnie aérienne. Il est anglais, un mètre quatre-vingt-dix, bosse dans la construction. Tous deux vivent ici. Ils m'ont proposé une virée dans le désert, parce que c'est vendredi.

Depuis Doha, nous avons croisé quelques cités-dortoirs anonymes, la zone industrielle de Mesaieed et d'énormes derricks enflammés. Au bout de la route goudronnée, une file de voitures patientait devant un poste de dégonflage de pneus – c'est plus pratique pour piloter sur le sable. Quelques Land Cruiser sont passés devant tout le monde et personne n'a protesté. C'est une donnée acquise : les Qataris d'abord.

Les week-ends d'hiver, quand les températures sont supportables, la ville se vide de ses habitants. On pourrait comparer ce phénomène aux séjours en Normandie des Parisiens. C'est un peu plus que ça. On vient aussi retrouver le mode de vie d'antan, dans le désert, sous la tente. À quelques détails près : les tentes sont climatisées et disposent du wifi, on ne se déplace plus à dos de chameau, et les domestiques philippines s'occupent de la logistique.

Une fois engagés dans le désert, le vrai, ce sont des dizaines, puis des centaines, puis des milliers de 4×4 que nous croisons sur une piste d'un kilomètre de large entrecoupée de hautes dunes. Procession de Toyota, buggies et quads qui s'élancent dans les sables. Impossible de ne pas penser à *Mad Max*. Il n'y a plus de route, il n'y a donc plus de code de la route. On ne roule ni à droite ni à gauche, on se faufile entre les autres véhicules et les collisions ne sont pas rares. Des morceaux de phares et pare-chocs jonchent le parcours. Des hélicos survolent la parade mécanique, des drones aussi. Le désert est un endroit très fréquenté.

C'est aussi un endroit assez vaste, où il est aisé de se perdre et de s'enliser. Jon a bifurqué, la foule mécanique est à des kilomètres. Nous devons nous arrêter à plusieurs reprises pour désensabler le véhicule. Soudain, Jon pile au sommet d'une dune. La pente qui se présente devant nous est vraiment raide. Selon moi, il ne faut pas descendre par là. Avant que j'aie pu exprimer mon point de vue, Jon accélère en poussant un cri de guerrier. May hurle de nouveau, et je me demande si le destin des hommes est écrit à l'avance ou si la date de notre mort dépend simplement de la pertinence de nos choix.

Nous sommes toujours vivants dix secondes plus tard. Je me suis fait une montagne de cette dune. (Nous apprendrons toutefois que l'affluence de ce week-end a causé quelques accidents mortels.)

Nous nous retrouvons à l'extrême sud du pays. Nos téléphones captent les réseaux GSM du royaume voisin. Une sorte de petite mer intérieure, une baie du golfe Persique infiltrée dans les sables, marque la frontière. De l'autre côté, l'Arabie saoudite.

En plus d'être vivants, nous sommes à l'abri des regards. May se déshabille, son tout petit corps apparaît en bikini. Jon monte le volume de l'autoradio et sur le toit de la voiture. Là-haut, libre de toute pression sociale, ils dansent comme des dératés, extatiques, en prenant des poses de clip de rap dans le désert wahhabite, loin du monde, avec vue sur l'Arabie saoudite.

Le cheikh tient son chapelet dans une main et son smartphone aux couleurs du Paris Saint-Germain dans l'autre. Il ne lâche ses doudous que pour allumer des Dunhill, qu'il enchaîne en m'expliquant que le sport est un outil primordial pour cadrer la jeunesse. Sa physionomie replète et le grain de sa peau suggèrent toutefois que ce monsieur n'est pas un stakhanoviste de l'effort.

Les dimensions du bureau ne sont pas si éloignées de celle d'un terrain de foot et c'est bien naturel : le cheikh dirige un des plus grands clubs du pays.

C'est un personnage important ; on m'a fait comprendre que c'était un privilège d'être reçu. La rencontre – la convocation, devrais-je dire – a été orchestrée par un intermédiaire libanais, un golden boy polyglotte aux manières fluides. Il a fallu que je rapplique toutes affaires cessantes (ça tombait bien, je ne faisais pas grand-chose) pour voir le grand homme. On m'a tout de même fait patienter une petite heure, pour la forme, en me montrant les nombreux trophées du club et le stade qui, non content d'être climatisé (« Même s'il fait cinquante, les sièges des spectateurs sont à vingt-deux degrés »), dispose de loges VVIP, pour les Gens Très Très Importants, concept dont j'ignorais l'existence jusqu'à présent.

Je suis ravi de rencontrer un ponte, quoique je n'aie pas vraiment eu le temps de préparer l'entretien. Je pose mes questions improvisées au cheikh, qui ne parle pas anglais. Fort heureusement, il est flanqué d'un acolyte (adjoint ? conseiller ? cousin ? Difficile à dire, le mec ne s'est pas présenté et je ne peux pas lui demander au débotté « et au fait mon gars, t'es qui toi ? » sans contrevenir aux règles élémentaires de la politesse), acolyte à l'anglais certes impeccable mais à la fiabilité douteuse, ses réponses semblant trois fois moins longues que celles du boss, et probablement plus politiquement correctes.

— Nous sommes un club à vocation sociale. Notre objectif est d'inculquer aux adolescents des valeurs de loyauté. Nous leur apprenons le sport, mais surtout le respect des aînés et de la famille. Si la famille va, la société va.

— Et elle va bien, la société ?

— Notre gouvernement s'occupe des familles, de la santé, de l'éducation. Le Qatar est très sûr (c'est vrai, on peut laisser ses clés sur sa voiture), nous sommes un peuple très hospitalier (bon, ça dépend) et très humble (là, tu te fous de ma gueule).

— Votre pays a beaucoup changé ces dernières années.

— Le changement, c'est normal. Mais il faut préserver les valeurs familiales et veiller à ce que les jeunes n'aillent pas sur certains sites internet, continue le cheikh en allumant une nouvelle Dunhill.

Je constate qu'on ne m'a pas proposé de boisson. Je prends donc l'initiative de fumer une cigarette, pas vraiment pour me donner une contenance, plutôt pour accompagner mon interlocuteur et montrer que je ne donne pas dans l'obséquiosité.

— Êtes-vous nostalgique du temps passé ?

— Nous avions des vies très simples. Et nous étions très proches les uns des autres. Il était inconcevable de ne pas voir son frère pendant plusieurs jours. Aujourd'hui les liens familiaux se distendent. Que nos jeunes s'amusent en Ferrari, je comprends, ce n'est pas un problème, tant qu'ils ne s'éloignent pas de la famille. Nous sommes fiers de notre développement. Mais il faut que les jeunes obéissent.

— Quel est le rôle des femmes dans tout ça ?

— On n'a rien contre le fait qu'elles puissent travailler, mais la famille doit passer en premier.

Je crois que j'ai compris le message, il me répète la même chose depuis le début. J'ai envie de lui demander s'il considère que les valeurs familiales sont importantes ; je m'abstiens.

Comme souvent depuis mon arrivée dans ce pays (et sur cette planète), je me demande ce que je fais là. Le cheikh remue les jambes, il est temps de m'éclipser poliment. Mais le tea boy, dont le timing est défectueux, m'apporte une tasse. La conversation se prolonge donc et part dans tous les sens.

À ce stade-là, le cheikh ne répond plus vraiment, il tripote son téléphone et ne s'illumine qu'en évoquant Zlatan ou son copain Frank Lebœuf (il me montre les selfies pris avec le champion du monde). L'adjoint-conseiller-traducteur tente de recadrer l'entretien.

— Vous n'écrirez pas n'importe quoi, n'est-ce pas ? On a déjà eu de mauvaises expériences avec des journalistes européens qui ont donné de nous une image déformée.

Je comprends son inquiétude. Si la francophilie des élites est bien réelle, la réciproque n'est pas vraie. Les Qataris nous trouvent souvent ingrats et sont blessés par le Qatar bashing, sur l'air de « on investit notre argent chez vous et vous nous pourrissez, on fait la guerre à vos côtés en Lybie et vous nous traitez de terroristes ».

Il faut s'imaginer à leur place. Ils connaissent bien mieux l'Occident que l'Occident ne les connaît. Pour la plupart, ils ont voyagé et étudié à l'étranger. Ils connaissent les valeurs des démocraties libérales, même si elles sont aberrantes à leurs yeux. Par exemple, le fait qu'un président de la République puisse ne pas être marié (et que sa compagne soit une femme divorcée qui porte toujours le nom de son ex-mari) relève pour eux de la science-fiction.

Toujours est-il que mon interlocuteur aime beaucoup le pays de Voltaire. Même s'il trouve que « à Marseille, il y a trop de Maghrébins ». Petite phrase prononcée avec un geste de dédain montrant que la solidarité arabe ne résiste pas toujours au mépris de caste. « Ce n'est plus la France, vous n'êtes plus chez vous », poursuit-il, révélant, en creux, l'angoisse démographique de ces Qataris minoritaires dans leur pays. Cette angoisse explique la sévérité juridique vis-à-vis des étrangers et la quasi-impossibilité d'acquérir la nationalité. S'ils accordaient le droit du sol, ils perdraient le pays en une génération. Les Qataris ont peur de disparaître.

Deux hommes âgés, en dishdasha, s'approchent l'un de l'autre. Leurs visages vont se toucher. Ils se cognent deux fois le nez, donnant ainsi l'impression troublante qu'ils vont se rouler une pelle en public. Inutile de préciser que l'homosexualité n'a pas franchement la cote par ici, elle est même théoriquement passible de la peine de mort. Mais cela n'a rien à voir : les deux papys se saluent simplement selon la tradition bédouine.

Nous sommes sur les rivages de Katara, qui accueille une *dhow exhibition*, une armada de boutres resplendissants. Je craignais d'assister à un show nautique folklorisé pour touristes. C'est l'inverse, je suis le seul Européen et il n'y a que des Qataris dans les parages. Un dixième de la population doit être présente, dans la fraîcheur du soir, baguenaudant dans une longue procession noire et blanche.

Outre les bateaux, des étals d'antiquaires exposent marmites, astrolabes, lampes à huile (je frotte, il ne se passe rien), téléphones à cadran et cartes topographiques. Je m'émerveille devant les représentations de la péninsule au XVIIe, où le Qatar n'apparaît pas mais qui mentionnent « l'Arabie heureuse », nom jadis utilisé pour désigner le Yémen (aujourd'hui le pays le plus malheureux d'Arabie).

Devant mon intérêt, Abdul Aziz, le quinquagénaire moustachu et souriant qui tient le stand, m'offre le café et commente ses trésors. Il est en train de se constituer un musée privé du Qatar d'autrefois. « Quand j'étais enfant, nous savions faire les choses par nous-mêmes. Aujourd'hui, les gamins nous rient au nez quand on leur explique à quoi ressemblait la vie d'avant. » (Un Qatari me parle spontanément, on progresse, de petites victoires en petites victoires.)

Une maman m'attrape par la manche et m'attire vers un autre étal pour me montrer les boîtes des perliers. « Tous nos aïeux étaient pêcheurs ou bédouins. On n'avait que le désert et la mer pour survivre. » (Une Qatarie me parle spontanément, c'est un triomphe.)

Sur la plage, devant les bateaux, des hommes assis en cercle sur des tapis jouent des percussions, tapent des mains, chantent en chœur pour soutenir un soliste à la voix puissante. À intervalles réguliers, l'un d'entre eux se lève, fait quelques pas de danse, saute sur lui-même, se recoiffe et se rassoit, dans un rituel immémorial transportant les âmes bédouines, un amour de la tradition qui n'empêche pas les artistes de consulter leurs mails entre deux morceaux. Les spectateurs sont divisés en deux camps, hommes d'un côté et femmes de l'autre. C'est alors qu'une évidence me saute aux yeux. Les hommes, qui en toutes circonstances publiques, portent un couvre-chef, sont eux aussi voilés. Pourquoi personne ne le remarque ?

On me fait de la place sur un banc et mon voisin me traduit les paroles du morceau. (Mais pourquoi sont-il tous aussi sympas ce soir ? On a mis de l'ecstasy dans leur café ?) C'est une chanson de marin. Les pêcheurs de perles, partis sur les flots pour longtemps, soignent la nostalgie du foyer par la musique. Khalid, mon interprète, un ingénieur en aéronautique de cinquante-sept ans, a étudié en Écosse et en Floride. Il m'entraîne vers le spectacle suivant, une sorte d'opérette sur le même thème. Il y est question de tempêtes meurtrières, de l'angoisse du départ et de la joie du retour. C'est *Pêcheur d'Islande*, ou l'*Odyssée*, des motifs universels en version arabe. L'acte suivant met en scène les femmes restées à terre, s'organisant comme une famille pendant que les hommes risquent leur vie en collectant les perles qu'ils iront négocier chez les marchands indiens. « Tout ça n'existe plus, soupire Khalid. Pour nous, les vieux, ça évoque encore quelque chose. On fait venir les enfants pour leur transmettre ces histoires. »

Quelques jours plus tard, j'ai l'occasion d'assister à un autre effort de transmission de l'héritage culturel, lors des répétitions de la fête nationale, prétextes à une de ces manifestations d'autocélébration qu'affectionne le Qatar. Des mascottes défilent en entonnant des chants patriotiques et des enfants déclament des poèmes à la gloire de la terre sacrée. Non loin de là se tient une démonstration de fauconnerie. Les oiseaux patientent sur un piquet, masque sur les yeux, avant d'être libérés, de filer dans les airs et d'attraper, en piqué, l'appât posé sur le gant du dresseur. Ici on ne plaisante pas avec les rapaces. Les sociétés de fauconnerie sont prestigieuses. Un luxueux *Falcon Hospital* se dresse à côté du Souq Waqif. Certains volatiles valent 1 million de dollars. Les faucons de compétition ont un passeport. Et des championnats sont organisés pour les jeunes afin d'entretenir ce savoir ancestral.

Près des fauconniers, on a monté des tentes bédouines, sous lesquelles des vieux jouent des percussions. Chameaux, pur-sang et oryx observent cette agitation parqués dans des enclos. Voilà pour le Qatar d'hier.

À deux pas de là, un stand de la sécurité routière étrenne un simulateur de tonneaux pour inciter à mettre sa ceinture. Sous la tente voisine, on propose un bilan médical complet et gratuit (j'ai testé : je suis en pleine forme). Les campagnes de santé publique sont révélatrices. À travers le programme *Be fit*, le gouvernement récompense financièrement les gros qui perdent du poids. L'opulence et le bouleversement des modes de vie ont engendré une obésité ravageuse. Caricaturons : les fiers nomades montant des pur-sang un faucon sur l'épaule ne s'extirpent désormais de leur canapé que pour grimper dans une Mercedes les conduisant à la galerie marchande où les attendent McDo et Ben & Jerry's. On paye donc les gens pour maigrir. Voilà pour le Qatar d'aujourd'hui.

Le Qatar a plus changé ces quatre dernières décennies qu'au cours des quatre siècles précédents. J'aurais aimé débarquer ici au XIXe. Après avoir quitté la France, j'aurais navigué jusqu'à Port-Saïd, descendu la mer Rouge pour trafiquer je ne sais quoi avec les indigènes. J'aurais fumé de l'opium avec Rimbaud à Aden, je lui aurais proposé de pousser un peu plus loin, pour voir ce qui se passait de l'autre côté du détroit d'Ormuz, il aurait décliné, j'aurais alors glissé une pièce d'or au capitaine d'un boutre (borgne, le capitaine), nous aurions affronté une tempête, survécu à une attaque de pirates qui m'aurait coûté une cicatrice qui aurait eu le don de faire frissonner les belles des bordels de Tanger à Macao (pardon, je m'égare). J'aurais fini par accoster ici même, sur cette plage, dans ce village de Doha peuplé de rares âmes endurcies par les tempêtes de sable et les embruns. « Je viens en paix, conduisez-moi à votre chef », aurais-je déclaré. Un ancêtre Al Thani m'aurait reçu sous la tente avec tous les égards dus au voyageur. Il m'aurait conté la rudesse du désert. Nous aurions chassé avec ses faucons et, allant débusquer un fennec, je serais tombé sur une petite mare d'huile noire affleurant à la surface du sol. Grâce à une intuition foudroyante, j'aurais perçu le potentiel de cette mélasse et compris que cette terre que l'on croyait ingrate recelait des trésors du futur. Je serais devenu une sorte de Rockefeller aidant les Arabes à se libérer du joug ottoman et le récit de mes aventures serait désormais un classique que ses diverses adaptations hollywoodiennes auraient rendu universel.

Je ne peux que fantasmer l'Arabie pré-pétrole. Je dispose en revanche d'un témoignage direct sur le Qatar de 1978. Mon oncle Paul, vingt ans à l'époque, y officiait comme instituteur coopérant.

« À notre arrivée, nous étions briefés : "Si vous renversez un Pakistanais en voiture, ce n'est pas grave". Les mecs faisaient de la peine, ils avaient peur quand ils traversaient la route. "Mais si vous renversez un Qatari, ne vous arrêtez pas, venez directement à l'ambassade, on essaiera de vous exfiltrer." Il y avait déjà beaucoup d'immigrés sur les chantiers, des commerçants indiens au souk et des bonnes philippines dans les maisons. J'avais constaté une grande différence entre les petits vieux, qui avaient vécu sous la tente et étaient plutôt sympas, et les jeunes, qui se montraient arrogants avec le petit personnel. Sur le plan des mœurs, c'était une autre planète. Je me souviens d'un Qatari qui m'avait dit : "Je n'ai jamais vu le visage de ma mère." À l'époque, il y avait déjà la climatisation mais pas encore le tout-à-l'égout. Ça grouillait de rats et de cafards.

Il n'y avait pas de tours, bien sûr, seulement des petites maisons en pisé de trois étages au plus, un supermarché et un Sheraton, c'est tout. J'ai vu un documentaire sur le Qatar récemment. Je n'ai rien reconnu. »

Amel a grandi à Orléans, elle est d'origine marocaine et fille d'imam. Comme des milliers de Français aux racines maghrébines, elle a fait le pari qatari. Forts de leur double culture, ils vont chercher un destin loin de leur pays natal, où être arabe ne représente pas un atout dans la vie professionnelle.

— Je me sens arabe en France et française au Qatar, résume-t-elle. Mon drame, c'est qu'il est impossible de trouver une bonne baguette à Doha.

Amel porte le hijab, sans avoir à subir les regards désapprobateurs que cela lui vaut parfois au pays de Jeanne d'Arc. Nous déjeunons en terrasse dans le quartier de Pearl. Les rares passants nous regardent avec surprise, voire désapprobation. Nous sommes tous deux français, mais son abaya lui donne l'air d'une Qatarie. Une femme locale et un étranger ensemble en public : la scène est inhabituelle.

Interne en chirurgie hépatique, Amel a abandonné la médecine pour venir diriger une petite agence visant à faire découvrir la culture locale aux expatriés. Nous sommes tous deux animés par le même credo, la curiosité interculturelle, et nous parlons tout de suite le même langage. Elle me prodigue une petite leçon détaillant les différences entre les habits traditionnels des pays de la région. Chacun sa façon d'arranger sa tunique, son col ou sa coiffe. Pour illustrer le port de l'abaya ouverte, comme cela se pratique à Dubaï, elle relève un pan de son habit. Un geste anodin, je ne vois pas sa peau. Elle prend toutefois soin de jeter un coup d'œil alentour, pour s'assurer de ne pas être observée.

Amel se déclare féministe : « Les femmes sont le futur intellectuel de ce pays. Elles ont plus à gagner. Elles ne veulent plus rester à la maison et elles ont du caractère. Dans la loi islamique, la femme a le beurre et l'argent du beurre, sur le plan financier, avec la dot. L'amour vient après. » Elle affirme, avec passion, que les femmes sont plus libres ici qu'en Occident, un point de vue qui me semble discutable. (Par exemple, la Néerlandaise condamnée en 2016 à la prison pour adultère après avoir été violée ne partagerait sans doute pas son avis.) Mais je dois admettre qu'Amel est une femme et qu'elle connaît mieux sa condition que moi. C'est une intellectuelle, une entrepreneuse, et tout dans son attitude montre qu'elle contrôle pleinement sa vie.

C'est l'amour qui l'a conduite ici. Elle a rencontré un Qatari. Ils se sont mariés civilement en France. « Je l'ai attaché légalement, il ne peut pas épouser une autre femme », commente Amel devant ce mari qui vient justement de nous rejoindre. Ils se sont ensuite unis ici et chacun a gardé son passeport d'origine, car le Qatar n'accepte pas la double nationalité.

Abdallah est habillé en jean et T-shirt. On notera la symétrie de leur cheminement vestimentaire : Amel est française et s'habille à la mode qatarie, son mari qatari a adopté la panoplie occidentale. Ce qui fait de lui un gros punk, à l'échelle locale. « Je ne porte pas la dishdasha, ce n'est pas pratique. Beaucoup de mes concitoyens jugent qu'il est offensant pour notre culture de s'habiller comme moi ici. Je suis globalisé et ouvert d'esprit. Et j'en paye le prix. Je suis isolé et critiqué. Dans ma famille, les autres ne sont pas comme ça. »

Abdallah est exaspéré par le traditionalisme de ses compatriotes. « Si je servais le thé de la mauvaise main (la gauche) au majlis, mes oncles me frapperaient. Je n'exagère pas. » Circonstances aggravantes pour Abdallah le rebelle, il a épousé une étrangère (musulmane toutefois, il ne faut pas pousser le bouchon). Pour cela, il a dû demander une autorisation spéciale. Dans l'hypothèse inverse, si une Qatarie souhaite épouser un étranger, il y a une solution : il faut qu'elle oublie cette idée saugrenue.

Le cas d'Amel et Abdallah est particulier, et leur double vision précieuse. Pourquoi, d'après eux, Occidentaux et Qataris se fréquentent ils si peu et se connaissent-ils si mal ? « Ça bloque des deux côtés. Les Qataris ne se mélangent pas car ils craignent de se diluer. Il y a également une part de timidité, une réserve qui n'est pas comprise par les Occidentaux. »

La crainte de la dilution culturelle, une obsession. Pour essayer de la comprendre, mettons-nous dans la peau d'un Qatari. Il est minoritaire dans son pays, où l'hindi et l'ourdou sont davantage parlés que l'arabe. Quand il s'aventure dans un magasin, il doit le plus souvent s'exprimer en anglais s'il veut se faire comprendre, car le personnel est invariablement immigré. Parfois, les enfants éduqués dans les écoles étrangères parlent anglais entre eux. Le niveau d'arabe classique baisse.

L'anxiété sur les questions d'identité nationale : voilà enfin un point commun entre la France et le

Qatar. Imaginons que la langue arabe supplante le français dans l'Hexagone. Le débat serait sans doute assez vif.

Depuis peu, un service militaire de quatre mois a été instauré au Qatar. Outre les enjeux de défense, il s'agit de souder et discipliner la jeunesse du pays. Abdallah y est allé, ça ne lui a pas déplu. Il a appris à mieux connaître ses concitoyens. « J'ai même rencontré un athée », glisse-t-il sur le ton de la confession, parce que l'athéisme est, ici aussi, passible de la peine de mort. On l'a compris, la liberté de conscience n'existe pas. Les chrétiens et les juifs peuvent être tolérés, car ce sont des gens du Livre, ils apparaissent dans le Coran. Mais ne pas croire, c'est se mettre au ban de la société, la fendiller, l'insulter. D'où le tabou d'une possible absence de Dieu.

Lors de son service militaire, Abdallah a dû quitter le domicile conjugal durant quelques semaines. Les beaux-parents d'Amel lui ont demandé de venir vivre chez eux. Une épouse seule chez elle, ça ne se fait pas. Elle a refusé, avec le soutien de son mari. La belle-famille a grincé des dents, mais le couple a eu gain de cause. Abdallah en est certain, les mentalités vont évoluer : « On gagnera à la fin. Le temps est de notre côté. »

La skyline de West Bay n'est plus qu'un tas de ruines fumantes. Le paysage de tours effondrées rappelle immanquablement le 11 Septembre. Doha est détruite et les survivants essayent de survivre parmi les zombies.

Plusieurs tabous sont transgressés dans ce court-métrage de science-fiction. Le personnage féminin va tête nue en décolleté, un suicide est suggéré à la fin, et la glorieuse nation du Qatar est rayée de la carte.

Le réalisateur, Ali Ansari, est qatari. Il a vingt-deux ans, a étudié en Grande-Bretagne et vénère Hitchcock. « C'est juste du divertissement », affirme-t-il en réfutant toute interprétation socio-politique de son film. Je n'en crois pas un mot.

Son producteur libanais prend le relais. « Ce n'est pas politique. On a toute la liberté d'expression nécessaire pour faire des films comme ça. » C'est exact. Ce film n'est pas né dans une cave de l'underground protestataire qatari (car il n'y a ni underground ni protestation). Il est financé, validé, soutenu par le Doha Film Institute, organisation présidée par la cheikha Mayassa, sœur de l'émir, celle qui dirige également la Qatar Museums Authority. « On veut montrer qui on est au travers des films, montrer qu'un cinéma fait par et pour les Qataris est possible. Avec des filles. Les limites doivent être repoussées. » Le producteur baisse la voix : « Mais il ne faut pas aller trop vite. On n'est pas près de faire un film sur l'athéisme. On ouvre les portes une à une. »

Pour appuyer ce propos, on me fournit les films de quelques jeunes pousses locales. L'un se penche sur la condition des immigrés avec une approche compassionnelle, attestant que l'idée de droits de l'homme fait son chemin. Dans un autre, un père refuse que son fils aille étudier aux USA (le père a lui-même étudié en Amérique après le 11 Septembre, il en garde un mauvais souvenir). Un film en développement imagine un monde gouverné par les enfants. Il est ici question de conflit de générations et de transgression de l'autorité paternelle dans une société qui sacralise le respect des aînés. Un court-métrage, que je n'ai pas pu voir, aborde la question de l'homosexualité. « De manière très détournée », précise mon interlocuteur.

Je découvre ensuite une petite pépite. Un huis clos mettant en scène la démence chez les vieilles isolées. Ça se passe dans le monde arabe, lieu indéterminé. Le film est onirique, mystérieux, subtil. La réalisatrice est là, sous mes yeux, elle s'exprime dans un français plus châtié que le mien – elle est née ici mais a grandi en France. Tout chez elle dégage l'intelligence mélancolique.

Meriem Mesraoua évoque la dynamique de groupe qui se met en place chez les jeunes cinéastes qataris : « Nous sommes des privilégiés et nous n'en avons pas toujours conscience. On a des moyens et du soutien. Nous sommes en train d'établir une vision commune. Certains réalisateurs s'autocensurent, d'autres veulent avancer, traiter des sujets qui n'ont pas encore été abordés. Bien sûr, on se préoccupe des réactions. Mais je suis optimiste, la manière de penser est en train de changer. Tout est à construire et ça fait presque peur, on ne sait pas trop où on va. Tout va très vite, à l'image du pays. »

Quelque chose me perturbe chez cette jeune femme. Je comprends soudain : elle a des cheveux. Une longue et épaisse crinière brune encadrant la douceur de ses traits. La première tignasse féminine qatarie que je vois. Je suis enfermé depuis un quart d'heure dans un bureau avec une Qatarie dévoilée – autant dire nue suivant les standards locaux. J'ai peur d'aller en prison. Sa chevelure libre est un bol d'air frais, tout comme l'émergence de cette élite culturelle progressiste et ouverte. Elle est certes embryonnaire mais porte avec elle la force de sa jeunesse.

Et il y a Tagreed, une lycéenne venue écouter ma petite conférence au centre culturel. Elle est férue de culture française et étudie notre langue. Elle a préparé quelques questions, très scolaires, sur mon travail d'écrivain. La gamine, excessivement timide, a pris son courage à deux mains pour aborder un homme, plus âgé, étranger. Notre conversation est limitée par son français balbutiant mais volontaire ; l'effort est touchant. J'ai finalement discuté avec pas mal de Qataris, certains se sont ouverts à moi. Elle est la première à me poser une question.

D'après son profil Facebook, Tagreed aime Louis Vuitton et le film *Chucky* (la poupée qui tue des gens), Édith Piaf et Oum Kalthoum, *Le Petit Chaperon rouge* et le Coran.

Le 14 novembre 2015, Tagreed m'écrira pour me dire qu'elle prie pour Paris.

On recherche un Pakistanais qui s'est adonné au trafic de girafes. Je me demande que faire de cette information glanée dans un journal en attendant le taxi qui m'emmène à l'aéroport. Le délinquant volait des girafes dans les parcs nationaux en Tanzanie et au Kenya, puis les transportait par avion militaire jusqu'à Doha. Comment les débarquait-il en toute discrétion, voilà une partie de l'histoire qui me dépasse. À qui les revendait-il ? Probablement à de riches Qataris désireux de se constituer un petit zoo à domicile, histoire de faire plaisir aux enfants et d'épater les copains. Pablo Escobar s'était bien procuré des hippopotames pour garnir sa ménagerie personnelle. Il n'est pas inhabituel, dans la région, de posséder de gros félins en guise d'animaux de compagnie. Un guépard dans le parc de la maison, ou même un lion sur la banquette arrière de la Bentley, je comprends le principe. Mais une girafe ?

Le taxi est originaire du Karnataka et il peste contre l'installation des gradins pour la fête nationale sur le boulevard de la Corniche, ça ne va pas arranger les embouteillages. Je maugrée en songeant que je m'apprête à quitter ce pays sans être parvenu à entrer dans une maison, dans l'intimité d'une famille. C'est un échec personnel, probablement le signe d'un déclin irréversible de mes aptitudes de voyageur ; il va falloir que je songe à me reconvertir professionnellement – dans le trafic de girafes, peut-être.

Nous arrivons sans encombre à l'aéroport. Alors que nous sortons mon sac du coffre, trois jeunes femmes, couvertes de pied en cap et munies d'un selfie stick, se prennent en photo sous toutes les coutures. Je me gratte la tête et m'aperçois que le chauffeur reste lui aussi interdit devant la scène.

— Vous ne trouvez pas ça bizarre de se photographier en cachant son visage ?

— Si, je ne comprends pas. Je travaille ici depuis six ans et je ne comprends toujours pas. C'est un pays étrange.

Étrange, ce besoin de se montrer en se dissimulant, de briller en se protégeant. Cette tension schizophrène entre le repli et l'étalage. Mais on n'échappe pas à l'interpénétration des cultures quand on se jette dans les joies de l'hypermodernité.

En adoptant le consumérisme au grand galop tout en tentant de se prémunir contre l'individualisme jouisseur qui l'accompagne, le Qatar opère sa propre synthèse. Les générations futures le verront-elles comme un nouveau riche esclavagiste, pollueur et renfrogné ? Ou comme un protecteur du sport et des arts, visionnaire bâtisseur d'un nouveau monde ?

Ce pays est un train lancé à toute vitesse. La destination finale reste inconnue et personne ne peut déterminer avec certitude la solidité des rails.

Cher Qatar, c'est à toi de choisir les bons aiguillages. Je reviendrai dans dix ans pour voir où tu en es – si la publication de ce livre ne m'a pas rendu indésirable.

Je te souhaite une bonne route.

La bonne nouvelle du jour, c'est qu'on m'a laissé entrer dans le pays. Le douanier s'est même montré charmant, il m'a glissé un « merci » en français qui m'a réchauffé le cœur et auquel j'ai répondu par un « *choukran* » au nom de l'amitié entre les peuples.

Ce n'est pas la première fois que je viens aux Émirats arabes unis, cette fédération de sept territoires dominée par les deux plus fameux d'entre eux, Dubaï et Abu Dhabi. Il y a quelques années, j'ai effectué un bref séjour à Abu Dhabi, la capitale. Mes premiers pas dans le Golfe. Missionné par un magazine de voyage, j'étais venu assister, en compagnie d'une centaine de journalistes, à l'ouverture du Ferrari World, un parc d'attraction consacré à la marque italienne. L'office du tourisme avait mis le paquet mais, manque de chance, l'émir de Ras el Khaïmah était mort à ce moment-là et l'inauguration avait été repoussée.

Pour occuper tous ces reporters, on leur avait fait visiter la mosquée Cheikh Zayed, ouverte aux non-musulmans, qui s'enorgueillit d'être le plus grand édifice en marbre jamais bâti. Un symbole de la puissance de l'émirat, dont le faste ne peut qu'ébahir le visiteur.

Nous avions aussi fait un tour de 4×4 dans les dunes. J'avais discuté avec le chauffeur, qui m'avait expliqué son improbable citoyenneté. Né aux Émirats de parents srilankais, il n'accéderait jamais à la nationalité émiratie, et ses enfants nés ici non plus. Il était apatride, avec un visa de travail. S'il perdait son job, il était expulsable. Mais où pourrait-on l'expulser ?

Dans ce 4×4, j'avais également sympathisé avec une journaliste lifestyle de Djeddah, en Arabie saoudite. Elle m'avait proposé de sortir le soir, j'avais accepté avec joie (discuter avec une Saoudienne, opportunité rare). Elle m'avait donné le nom de son hôtel et son numéro de chambre, ce qui m'avait tout de même un peu surpris. Je l'avais retrouvée dans le hall (soyons prudent) et nous avions pris un taxi dans lequel elle m'avait expliqué qu'elle n'avait pas envie d'épouser son cousin, car les hommes arabes étaient, selon elle, « des imbéciles ». Notre balade s'était limitée à l'exploration d'un mall où elle s'était attendrie devant les manières efféminées d'un jeune journaliste de mode rencontré le jour même et qu'elle trouvait « trop mignon », même si l'homosexualité était « dégoûtante ». Lorsque j'ai voulu photographier la patinoire du centre commercial, elle a posé la main sur mon appareil en me regardant comme si j'étais un demeuré : « Mais enfin, tu ne peux pas prendre de photo ici. C'est plein de femmes. » Ah, pardon. Je visais juste la patinoire. Cette jeune personne était plutôt sympathique et je ne comprenais pas grand-chose à son fonctionnement. C'est peut-être grâce à elle que j'ai eu envie de revenir dans les parages.

Aujourd'hui, je débarque dans « le plus grand duty free du monde », comme le clame la brochure de l'aéroport. Bienvenue à Dubaï, le mètre étalon des cités-États de la région, la première à avoir fait sa révolution vers le surdéveloppement jusqu'à devenir la nouvelle frontière du capitalisme touristique. Même histoire qu'à Doha : une bourgade de pêcheurs de perles devenue un phare de l'Orient en quelques décennies.

Trois choses essentielles à savoir sur Dubaï :

- Cette ville accueille un festival de shopping.
- Les autorités ont mis en place un *happiness meter* pour mesurer le bonheur.
- Les chewing-gums sont interdits dans le métro.

Ce métro, avec ses stations optimisées au design futuriste, est une perfection de légèreté aérienne. Le Parisien habitué aux vieilles rames parfumées aux relents d'urine a l'impression de prendre l'avion.

La population des transports en commun est un reflet démographique de la planète, dans des proportions presque comparables. Indiens et Chinois sont majoritaires dans cette foule où se pressent Africains, Slaves et Occidentaux. Tout le monde est là, ou presque. Il ne manque que les Arabes. On recense moins de 10 % d'Émiratis à Dubaï. Les Dubaïotes ont déménagé, dépassés par la transformation de leur ville.

Scène vue à la Marina : une fête ambulante sur un yacht avec des noceuses se trémoussant en bikini au milieu de l'après-midi. Un papy barbu resté à quai voit passer l'action avec stupéfaction, une stupéfaction qui doit durer depuis quelques dizaines d'années.

Moi aussi, je suis stupéfait lorsqu'une publicité me propose de « rencontrer un pingouin ». Tu veux faire du parachute, nager avec des otaries, enchaîner les loopings en avion, prendre une suite à 28 000 dollars la nuit dans le seul sept étoiles de la Terre ? Viens à Dubaï, où tout est possible tant que tu ne te mêles pas de politique.

Tout ce qui est possible est-il souhaitable ? Voici une question qui nous conduit à nous interroger sur l'effroyable ambition de notre espèce, celle qui nous a fait passer du statut de chasseurs-cueilleurs à peine foutus de tailler un silex à celui de bâtisseurs de gratte-ciel rotatifs prévoyant d'aménager des villes sur Mars – je n'exagère pas : Dubaï a annoncé de tels projets.

Pour l'heure, mon questionnement est plus terre à terre : dois-je skier à Dubaï ? C'est un dilemme intime. D'un côté, la fameuse piste couverte du Mall of the Emirates est une attraction emblématique. C'est l'expression de cette imagination qui prend le pouvoir quand on a les moyens de la mettre en œuvre : on peut partir de la plage et dévaler les pistes dans la foulée. D'un autre côté, je crains d'insulter mes origines en skiant dans le désert. Moi, le fils des vallées profondes, dont la famille s'est épanouie à l'ombre des cimes alpines.

« Quel est votre niveau de ski ? », me demande-t-on à l'accueil. Je ricane (intérieurement). Tu es bien gentil, le Bédouin, mais tu ne te rends visiblement pas compte que tu t'adresses au fils des vallées profondes. Est-ce que je te demande si tu sais monter un chameau ? Mon choix est fait : non, je refuse de skier dans un centre commercial. Alors je regarde les amateurs de sports d'hiver derrière les baies vitrées de la station de ski. Le spectacle de cette femme en combinaison abaya-anorak hurlant sur la piste de bobsleigh vaut son pesant de sourates.

Poussé par un masochisme dont le ressort m'échappe, je me rends ensuite au Dubaï Mall. Visiter deux centres commerciaux en une journée est un processus d'une violence inouïe pour moi. J'ai fait une exception car il s'agit du plus grand du monde (notons qu'ici tout est « le plus quelque chose du monde », car on adore battre des records). Je voulais voir le temple supérieur de la consommation, affronter la bête dans son antre. C'est un labyrinthe où Dédale lui-même se perdrait entre la Fashion Avenue (Jimmy Choo, Stella McCartney, Louboutin, etc.) et l'aquarium géant où l'on peut plonger parmi les requins, près d'un stand de pop-corn proposant un jeu digne de *Fort Boyard* (on paye pour être enfermé dans une cage et une soufflerie fait voler des paquets de bonbons que l'on doit attraper. Par pitié, lapidez le type qui a imaginé ça) et de tout un tas de magasins d'une inutilité criminelle. Soudain, alors que je ne demande rien à personne, on me distribue un prospectus vantant une boutique d'objets artisanaux fabriqués par des enfants handicapés.

Je commence à suffoquer, j'ai peut-être surestimé mes forces. Je crains de faire une crise semblable à celle qui m'a emporté au Villaggio de Doha. Au détour d'un escalator, je vois apparaître l'enseigne de l'immense librairie Kinokuniya. Je suis sauvé. Je me précipite vers la première pile d'ouvrages – l'autobiographie de Hillary Clinton – pour fourrer mon nez dans les pages et humer l'odeur du papier. Mon rythme cardiaque s'apaise. Je me relaxe en musardant dans les travées, feuilletant un Camus par-ci, caressant un Cormac McCarthy par-là. La langue anglaise prédomine et la littérature résiste, même si elle est reléguée derrière les manuels de business (Devenez riches !) ou de développement personnel (Soyez heureux !). En tête de gondole, on trouve *Reflections on Happiness and Positivity*, par Son Altesse le cheikh Mohammed ben Rachid Al Maktoum, émir de Dubaï, également auteur de *My Vision : Challenges in the Race for Excellence*. Au rayon fiction, Paolo Coelho caracole, ici aussi, en tête des ventes.

En sortant, apaisé par le contact des livres, j'aperçois les écrans affichant les horaires de prière. Bien que n'étant pas religieux, je ne rechigne pas à m'élever vers le ciel. Et je sais qu'en montant dans cet ascenseur, j'accèderai au « plus haut édifice jamais construit par l'homme ».

La Burj Khalifa brille à 828 mètres d'altitude, soit l'équivalent de 2,5 tours Eiffel ou 165,6 girafes. Vue d'en haut : on aperçoit à peine les parcs et le lac au pied de la tour. On toise des gratte-ciel qui paraissent enfantins alors qu'ils pointent à 300 mètres. D'ici, on suit la ligne droite de la Cheikh Zayed road, artère traversant l'émirat, et dont je n'ai pas réussi à compter le nombre exact de voies.

D'ici, on aperçoit la crique de Deira, quartier originel construit autour du vieux port, aujourd'hui charmant souk indien aux airs d'Istanbul et surplombé, au loin, par le paysage de science-fiction où je flotte en ce moment.

D'ici, on contemple, étourdi, le suicide environnemental de la croissance effrénée, la poldérisation du désert et ces îles artificielles, absurdes et géniales, qui font la fierté de Dubaï. Le plus fameux de ces archipels prend la forme d'un planisphère. Il s'appelle The World. Pour bien rappeler que c'est le monde entier qui habite ici, dans cette ville qui dévore le sable, terrasse la mer et chatouille le ciel avec cette confiance en l'avenir qui fait si cruellement défaut à l'Europe actuelle. Pourquoi ne pas vivre sur un nuage quand on peut acheter le firmament ?

Cela dit, il faudra bien redescendre un jour ou l'autre. Les crises financières rappellent que la fête s'arrêtera un jour. The World connaît déjà des problèmes de budget et d'érosion. Et cette tour, pour combien de temps est-elle la plus haute ? Dans le grand concours phallique international, les Saoudiens ont entamé une Jeddah Tower qui doit atteindre le kilomètre d'altitude.

Je perds quelques centaines de mètres en emprutant l'un des cinquante-sept ascenseurs. Au sol, un musée retrace l'histoire de la construction de la Burj Khalifa. On insiste bien sur la coopération internationale qui a permis ce prodige à 1 milliard de dollars. Promoteurs arabes, architectes américains, constructeurs asiatiques. J'ai cherché, je n'ai trouvé aucune mention des émeutes de 2006, lorsque les ouvriers du chantier, contrariés d'être payés 4 dollars par jour pour bosser sous quarante-cinq degrés, se sont révoltés. Déjà oubliés. On admire toujours les pyramides d'Égypte. On n'a jamais su le nom des esclaves morts pour les ériger.

Épuisé par tant de records, je retourne à mon hôtel, à dix minutes de la tour. Dans l'ascenseur, je meuble la conversation avec une femme de chambre philippine.

— La vue est incroyable depuis là-haut, n'est-ce pas ?

— Je ne sais pas. Je vis ici depuis neuf ans mais je ne suis jamais allée dans ce quartier. C'est pour les riches.

Un légionnaire romain en jupette et sandales sort du taxi pour se mêler à une foule expatriée qui piétine devant l'entrée, où Napoléon discute avec une Tortue Ninja. C'est vendredi soir à Dubaï, l'établissement est pris d'assaut par un défilé de jeunes femmes en micro-shorts et de jeunes hommes body-buildés. Des centaines de personnes plus ou moins déguisées envahissent une cour de récréation pour adultes, un ou deux hectares étalés sur la plage d'un hôtel. Le DJ, perché sur une scène digne d'un grand festival, est un quinquagénaire empâté et chauve, sans style, une allure de comptable pour tout dire. Il offre une prestation remarquable, dénuée de toute daube de supermarché. Séduit par le beat, je m'arrache de mon transat pour danser aux côtés d'un homme à tête d'ours et d'un groupe costumé en Pierrafeu. Un gratte-ciel se penche au-dessus de nos têtes – ce n'est pas une métaphore ni une tentative de poésie lysergique, ce building est vraiment incliné. Un Émirati, qui a pris soin de ne pas venir en costume traditionnel pour ne pas insulter sa culture, danse les yeux dans les étoiles. Un Gallois vêtu d'une dishdasha aux couleurs britanniques se fait sans cesse alpaguer par des fans réclamant une photo. Il ne porte rien sous sa tunique et le prouve en montrant son cul.

— Alors, t'as fait quoi aujourd'hui ? demande un de ses amis.

— J'ai bu.

Une Tortue Ninja commande un seau de vodka. Tigrou enchaîne les shots et jette ses verres n'importe où, sous l'œil de Batman qui ne s'en offusque pas :

— T'inquiète, il y a toujours un Indien pour nettoyer derrière toi.

Une bagarre éclate, pour les raisons habituelles. Napoléon intervient, épaulé par des videurs ivoiriens. Une Anglo-Suisso-Kenyane me refile une bière dans chaque main et, profitant de mon incapacité à me défendre, tente de m'embrasser. La ruse est éculée, et on ne me corrompt pas avec de la bière (avec une bouteille de champagne, j'aurais peut-être cédé).

Les heures passant, l'odeur de sexe devient entêtante. Des Iraniennes ondulent comme ce n'est pas permis dans leur pays. Des affamés orientaux dansent autour de blondes américaines, pataudes, sans la moindre chance de réussite.

— C'est pété de putes ici, remarque un homme curieusement vêtu d'une chemise blanche et d'une veste noire. C'est comme chez Carrefour avec des rayons pour les Asiatiques, les Russes, les Blacks. Il y a tout ce que tu veux.

Le DJ comptable a cédé sa place à un ersatz de David Guetta qui envoie une soupe vocodée pour le plus grand bonheur du public ; je cherche désespérément des bouchons pour protéger mes oreilles de ce poison. Un rasta blanc quadragénaire accompagne le mix du DJ au djembé. Le résultat est catastrophique. Il faut arrêter ça, monsieur : tu n'es pas noir, tu n'as plus dix-sept ans depuis bien longtemps et tu embêtes tout le monde. Une chargée de communication singapourienne prend le 4 762e selfie de la soirée, un trader new-yorkais lui met la main au cul. Tout ce que je peux dire, c'est que cette foule ne me semble pas très concernée par la chute des cours du pétrole à la Bourse d'Abu Dhabi.

Nous sommes à Jumeirah Beach, nous sommes pourrions être à Miami, nous ne sommes nulle part. Un homme en tutu fend la foule en agitant ses ailes d'ange et Néron vomit dans le sable, ce qui témoigne d'une application somme toute assez souple de la charia.

Gagan n'est pas venu à Dubaï pour s'amuser. Il est là pour épargner. Kinésithérapeute dans une clinique, il a constaté que les Dubaïotes manquaient de vitamine D car ils ne s'exposent pas assez au soleil. Les peaux burinées par des siècles au grand air sont fragilisées par quelques années de climatisation.

J'ai rencontré Gagan à Bombay huit ans plus tôt. Nous avions fait un bout de route ensemble jusqu'au Népal avant de nous perdre de vue. C'était un jeune Allemand enthousiaste, primesautier et rieur, l'exact inverse des stéréotypes collant habituellement à nos camarades d'outre-Rhin. Il venait de passer un an en Afghanistan au sein de l'armée, avait vécu de petits boulots en Australie, cherchait un ashram et voulait voir le monde entier. Il était perdu sur la route. Entre-temps, il s'est visiblement retrouvé.

Allongé sur une plage de Jumeirah d'où s'envolent d'innombrables kitesurfs, il me décrit sa vie aux Émirats. Les années n'ont pas altéré sa spontanéité. « J'ai fait quelques vannes qui ont été suivies d'un silence gêné. Ils n'ont pas vraiment d'humour. La religion et la politique, il vaut mieux éviter. Ils peuvent être tolérants, ouverts, on peut discuter. Mais au bout du compte, ils ne comprennent pas qu'on n'ait pas envie de devenir musulman. Ils sont sincères, ils pensent ça pour ton bien. » En somme, il a du mal à s'acclimater à la culture locale et ne compte pas s'éterniser. Et moi alors, qu'est-ce qui m'amène ici ? Je lui explique que je suis venu me faire des amis et que ce n'est pas une franche réussite. Entendant ça, Gagan attrape son téléphone.

« Quand un voyageur vient, il faut le nourrir et l'héberger sans s'enquérir de son activité ou du motif de sa venue. Au bout de trois jours, on peut lui demander. » De fait, Thani ne me demande pas ce que je fais ici. C'est le patron de Gagan et il a suffi qu'il l'appelle pour lui dire qu'un ami français était de passage. Une poignée d'heures plus tard, il nous accueille, en dishdasha et doudoune Adidas, dans la tente familiale au milieu des dunes. Le campement, assez vaste, est protégé du vent par une clôture. Un auvent meublé de tapis et de coussins, quelques chaises autour du feu. « On vient dès qu'on peut pour le week-end ou les vacances. Le désert nous détend, on dort mieux. »

Thani nous reçoit sans cérémonie ni volonté d'épater, à la bonne franquette. D'humeur guillerette, il taquine Gagan : la prochaine fois, il faudra le prévenir un peu plus tôt. Une dizaine de personnes sont là, quelques collègues de la clinique, la famille élargie et la bonne asiatique qui s'active sous la tente cuisine. Thani, la cinquantaine lestée d'un léger embonpoint, est le papa et le patron, un patriarche débonnaire qui instaure une atmosphère conviviale. Une odeur de poulet mariné flotte dans l'air. Les femmes discutent sous l'auvent, les hommes se tiennent autour du feu. La nuit est étoilée, le désert éternel. On pourrait se croire un siècle plus tôt, si l'on faisait abstraction de la doudoune Adidas et du ronron du générateur.

La discussion s'engage sur un sujet consensuel : la météo. « Quand il pleut on ne travaille pas, on va chercher les enfants à l'école pour profiter de la pluie. Ça n'arrive pas souvent. Il fait plus chaud qu'avant à Dubaï, à cause du trafic et de la climatisation, explique Thani. C'est paradoxal, hein ? On a eu l'air conditionné vers 1967 ou 1968. J'étais gamin. Dubaï était une petite ville à l'époque, j'allais à l'école à pied. »

Le fils de Thani explique qu'il ne peut pas dormir sans la clim, même si les températures le permettent, car le bruit lui manque. Le pater enchaîne : « Nos vies sont confortables aujourd'hui. Je suis parfois un peu nostalgique. Ce ne sont pas les buildings qui font un pays, ce sont les gens. C'est pour ça qu'il faut entretenir les traditions, que je les transmets à mes enfants. C'est pour ça que nous aimons revenir dans le désert. Ce n'est pas un refus de la modernité, je suis optimiste pour le futur de mon pays. Le Coran nous commande d'être optimiste. »

Le buffet est prêt. Il y a de quoi nourrir un caravansérail. Thani raconte la fois où, dans un restaurant, le menu était rédigé uniquement en anglais. Ça l'a contrarié : « Je leur ai demandé d'ajouter une version en arabe. » Puis il se lance dans un exercice d'instruction religieuse : « L'islam a gardé les bons côtés de la culture bédouine préexistante, comme le principe d'hospitalité. Et il a gommé les mauvais côtés, comme le fait d'enterrer la femme vivante à la mort de son mari. » La fille de Thani, venue se mêler à la conversation, approuve. « Outre la charité, qui est un pilier de l'islam, il y a un devoir de générosité, pas seulement avec l'argent, aussi avec le cœur. Les textes nous disent que les radins ne sentiront même pas l'odeur du paradis. » Après la religion, c'est le couplet patriotique : « Nous avons un proverbe : "Dubaï élève un orphelin". Tout le monde a sa chance ici, à condition de venir avec respect. Tout le monde peut faire fortune. Nous avons une culture de tolérance et d'ouverture, parce que nous sommes un port de commerce depuis des lustres. »

Je le tiens enfin, mon moment sous la tente, dans l'intimité d'un clan. Je savoure le parfum des rencontres éphémères qui durent pour toujours, où l'on partage trois fois rien en sachant que c'est beaucoup. Thani m'entraîne faire quelques pas dans le sable, comme les Bédouins d'antan qui se déplaçaient dans la fraîcheur de la nuit en se repérant grâce aux constellations. « Regarde cet endroit. On ne l'a pas choisi, c'est lui qui nous a choisis. » Thani marque une pause et reprend en appuyant son propos par un geste en direction de l'infini : « Le désert purifie l'esprit. » Il ne nous reste qu'à échanger quelques banalités existentielles quant à notre petitesse sous les étoiles avant de plonger dans un sommeil idéal.

Il faut un certain temps pour quitter Dubaï, qui s'étire en longueur. L'urbanisme avalant le sable, on n'est jamais tout à fait dans le désert. Les faubourgs se suivent et, en longeant la côte, on traverse les petits émirats de Charjah et Ajman sans avoir l'impression de sortir de l'entité urbaine. J'avance, cap au nord, dans ma Nissan Sunny de location, en me repassant la soirée précédente. Cet épisode sous la tente s'est avéré vivifiant, les vertus du dialogue interculturel se sont déployées autour d'un poulet mariné. L'humanité a gagné des points, je suis satisfait.

Je repense à un aparté avec le fils de Thani. Il étudie en Angleterre, il a voyagé en Europe et il tient à s'excuser. « Désolé pour ces Émiratis qui viennent à Paris pour frimer sur les Champs-Élysées en faisant ronfler leurs voitures de luxe. » Je lui réponds qu'on n'a pas à s'excuser pour le comportement de ses compatriotes. Il hausse les épaules. « Il ne leur vient pas à l'idée d'aller au Louvre, mais pour flamber, on peut compter sur eux. Pourquoi ils ont besoin de faire ça ? C'est un manque de confiance évidemment. »

Ça n'a l'air de rien, ce n'est pas rien. Ce jeune homme n'a pas grand-chose à prouver, pas de revanche à prendre. Pour lui, et il ne doit pas être seul, un demi-siècle de prospérité et d'ouverture a permis d'évacuer le poison du complexe post-colonial, et la haine de soi qui va avec. C'est une bonne nouvelle pour tout le monde.

Entre Oumm al Qaïwaïn et Ras el Khaïmah, les émirats septentrionaux, l'autoroute se resserre pour cause de travaux. Plus qu'une voie, bordée d'une bande de gravier. La vitesse est limitée à 80 km/h, je ralentis car je ne suis pas un rebelle – j'ai même un penchant légaliste tout à fait prononcé. Je me rapproche du sultanat d'Oman en sifflotant, j'atteindrai bientôt un nouveau pays, c'est décidément une belle journée.

Une Porsche Cayenne arrive à vive allure derrière ma Nissan. Elle me colle, klaxonne frénétiquement et multiplie les appels de phares. C'est courant, les jeunes chiens fous aiment rouler en dépit du bon sens et exigent qu'on se rabatte à leur passage. D'ordinaire, ça ne me gêne pas, je laisse passer. Fonce, mon gars, si tu es pressé de mourir pour te rassurer sur ta virilité, c'est ton affaire. Seulement là, il n'y a qu'une voie, je ne *peux* pas te laisser passer, ducon. J'accélère légèrement, j'atteins les 100 km/h. Le gros lourd continue de me presser, s'approche de mon pare-chocs dans une tentative d'intimidation pathétique. Il en faut plus pour me troubler. Il voudrait sûrement que je me déporte sur le gravier ; ce serait dangereux. Alors je continue tranquillement, tant pis pour l'exalté. Il tente maintenant des manœuvres pour me doubler, zigzague de gauche à droite. Il va peut-être finir pas comprendre qu'il n'y a tout simplement pas la place. Le cirque se prolonge sur plusieurs kilomètres.

Fin des travaux, la route s'élargit. L'agité me dépasse par la droite en me frôlant. Je tourne la tête pour apercevoir mon harceleur. Qui est une femme. Jeune, hijab et maquillage. Elle ouvre sa fenêtre et tend en l'air un majeur manucuré et chargé de bagues. Moi qui pensais que le voile était censé exprimer la modestie, la discrétion et la dignité.

La situation m'amuse plus qu'autre chose, même si je sais que ce geste est loin d'être anodin par ici, où l'on ne rigole pas avec les offenses faites à l'honneur. Allez, file donc.

Mais elle ne file pas.

Elle me fait même une queue de poisson, freine brusquement et s'arrête devant moi pour me bloquer le passage. Elle sort la tête par la fenêtre et m'agonit d'injures que je ne comprends pas mais qui impliquent sans doute ma mère. La haine dans son regard, la haine qui décompose son visage. Elle jette une bouteille d'eau sur le capot de ma voiture. Crache par terre.

Tout cela se déroule très vite – cette femme est visiblement pressée. Je n'ai pas le temps d'être éberlué ou offusqué car j'ai peur : je suis coincé au milieu d'une autoroute, des voitures déboulent à 130 derrière nous et nous esquivent de justesse. Le temps que je réfléchisse à une manière de ne pas finir en fauteuil roulant, la cinglée redémarre.

Pendant ce court instant, cette femme a souhaité ma mort, au risque de sa propre vie, pour une raison dérisoire. Ce n'est pas très agréable, quelqu'un qui souhaite votre mort. Ça m'est arrivé une fois, avec un clochard dans le métro parisien. Comme je lui refusais une pièce, car il était agressif, il m'avait lancé avec une sincérité indiscutable : « Quand il y aura une bombe dans la rame j'espère que ce sera pour ta gueule. »

Ça m'avait estomaqué et je m'en étais voulu de ne pas lui avoir collé mon poing dans la gueule (c'est toujours ce qu'on se dit après, sur le coup on est juste stupéfait).

J'ai passé quelques dizaines de kilomètres, plus que je n'aurais voulu, à ressasser cette histoire. C'est troublant d'être la cible d'une telle détestation. En une quinzaine d'années de voyages intensifs, j'ai bien eu affaire à un ou deux pickpockets maladroits, agissant sans violence (et sans succès) pour le seul appât du gain. Jamais on ne m'a agressé de la sorte. Ce n'est pas tout à fait un hasard. Je mets un point d'honneur, par ma politesse, à mériter le respect des pays que je visite. Et ça marche : quand on arrive en ami, les gens vous traitent en ami. On peut certes se faire découper à la machette par un taré parce qu'on se trouve au mauvais endroit au mauvais moment, mais c'est vrai partout, à Paris comme à Djakarta.

Alors comment expliquer le comportement de cette personne ? Faut-il le mettre sur le compte des mœurs routières locales ? Cette fureur exprime-t-elle la frustration d'une femme opprimée ? J'ai du mal à le croire : on est rarement opprimé en Porsche Cayenne. S'est-elle sentie insultée parce que je ne me suis pas rabattu suivant ses injonctions ? Est-ce une manifestation d'arrogance raciste ? C'est possible : elle m'a dévisagé avant de lever le doigt et a vu un Occidental. Elle n'aurait vraisemblablement pas agi de la sorte avec un Émirati. Elle s'est enhardie parce que je suis étranger. Ici aussi, en cas de litige, les locaux ont toujours raison. Peut-être me blâme-t-elle pour les souffrances de la Palestine ou pour l'invasion de l'Irak par George W. Bush ?

Après avoir longuement médité sur ces événements et fait le tour de toutes les hypothèses, j'ai écarté relativisme culturel, déterminisme social et toute autre macro-explication anthropologisante pour me rendre à l'évidence : j'avais tout simplement eu affaire à une sacrée connasse.

Un vieux borgne à la peau noire hurle dans son micro comme un dément. Quelque part entre le commentateur de football sud-américain, le griot et le rappeur, l'homme danse au son de sa propre scansion. Je ne comprends rien, je comprends l'essentiel. Il anime les combats de taureaux qui se tiennent dans une arène de fortune, à deux pas du front de mer. Les bestiaux sont traînés au milieu du terrain, un coup de bâton pour les exciter, un jet de terre sur le museau pour les calmer. Puis ils se ruent sur leur rival imposé, cornes en avant, sous les vivats du public. On s'entasse sur des chaises en plastique, on s'agrippe au grillage défoncé, on mange des chips dans des 4 × 4 en profitant de ce spectacle familial. Des enfants replets se marrent, assis sur le toit des véhicules. Des papys barbus hochent la tête, appuyés sur leurs cannes. Des margoulins échangent des billets à l'abri des regards

– les jeux d'argent ne sont pas halal. Un taureau s'échappe de l'arène, semant une brève panique dans la foule, et s'engage à contre-sens sur l'autoroute qui borde le littoral, poursuivi par des braillards tentant de ramener le bovin à la raison, sous le regard d'une horde de Hells Angels locaux, bandanas et blousons de cuir, juchés sur leur Harley-Davidson.

J'ai fait un détour pour venir jeter un coup d'œil à Fujaïrah, capitale de l'émirat du même nom, dont la notoriété est éclipsée par le rayonnement de Dubaï et Abu Dhabi. Nous sommes sur la côte Est, ce n'est plus le golfe Persique mais celui d'Oman. Coincé entre les montagnes et ce bout d'océan Indien, le territoire jouit d'un climat plus clément que ses voisins désertiques. Les Émiratis viennent y profiter de la fraîcheur relative, parader en jet-ski ou sillonner les montagnes. Fujaïrah présente toutes les caractéristiques de la ville à l'intérêt limité. Pariant sur le fait que je ne verrai rien de plus passionnant qu'une course-poursuite avec une vache et des bikers, je décide de ne pas m'attarder.

Je repars vers l'ouest sans avoir pensé à faire le plein et je traverse un désert les yeux fixés sur la jauge, en me demandant si je suis assez stupide pour tomber en panne d'essence au pays de l'or noir. Alors que la situation devient critique (aiguille au plus bas, nuit tombante, absence totale de circulation), et que je commence à envisager la possibilité de mon décès par déshydratation (et stupidité, donc), une oasis apparaît. Je ne crie pas victoire avant d'avoir vérifié qu'il ne s'agit pas d'un mirage. Non, elle est bien réelle, avec son enseigne lumineuse, ses lettres BP, ses citernes salvatrices et sa cafétéria où, avec l'appétit des survivants, je dévore un burger de chameau. Ainsi rasasié, je me lance vers la dernière étape de mon périple.

Il est regrettable qu'on ne puisse pas prendre de photo aux postes frontières, j'aurais voulu fixer l'image des chèvres broutant aux pieds des douaniers omanais. Aux Émirats, il n'y a plus de chèvres au bord des routes. Je n'ai pas vérifié toutes les routes, mais on comprend bien où je veux en venir : c'est un indicateur du niveau de développement. Si Oman n'est pas aussi riche que les Émirats arabes unis, elle l'est beaucoup plus que son voisin du sud, le pauvre Yémen enseveli sous ses guerres tribalo-religieuses. Jadis, les visiteurs pouvaient y admirer, à Shibam, les premiers gratte-ciel de l'Histoire, des édifices de trente mètres en terre crue prouvant que les habitants de la péninsule ont toujours aimé se projeter vers le ciel. Aujourd'hui, le Yémen est connu pour être le berceau de la famille Ben Laden. Dans le chaos des années 2010, pour un Occidental, la probabilité d'être kidnappé frise les cent pour cent. Je me rendrai dans cette contrée à une date ultérieure.

Passé la frontière, les dunes de sable laissent place aux montagnes de calcaire, et les portraits du cheikh Khalifa ben Zayed al Nahyane à ceux du sultan Qabus ibn Saïd. On entre, vraiment, dans un autre pays. Le sultan exerce un pouvoir quasiment sans partage et il adore Verdi. Comme le Qatar et l'Arabie saoudite, Oman reste une monarchie absolue. (On ne recense plus que six États dans ce cas : ces trois-là, plus le Swaziland, le Brunei et le Vatican). Le vieux Qabus, né en 1940 et formé à Sandhurst, fait figure de despote éclairé et de diplomate influent. Sur le trône depuis 1970, à la fin du protectorat britannique, il a fait passer Oman de la guerre civile à la stabilité, a développé les services publics et les infrastructures, étouffé les rébellions islamistes et accordé l'éligibilité aux femmes. Le souffle des Printemps arabes de 2011 ne l'a pas fait vaciller.

Oman reste un pays très conservateur et n'est pas réputé pour être un paradis de la gaudriole.

On notera toutefois que l'homosexualité, certes illégale, n'y est pas réprimée. Le sultan, célibataire, sans enfant et fan d'opéra, y est sans doute pour quelque chose.

J'arrive dans la péninsule de Musandam, une exclave séparée du reste du territoire omanais par les Émirats. Elle offre un paysage de côtes déchirées et de fjords profonds, un miracle géologique qui lui vaut le surnom de « Norvège d'Arabie ». Elle aboutit au détroit d'Ormuz, sortie du golfe Persique, pointe stratégique sillonnée par les supertankers, les porte-avions américains, les vedettes des Pasdaran iraniens et les trafiquants de tout poil. Un tiers du pétrole mondial transite par ce trou de souris maritime, dans un mélange hautement inflammable.

Khasab, principale ville de la péninsule avec ses douze mille habitants, est un repaire de contrebandiers. Je caresse l'espoir romantique d'arriver dans une Arabie éternelle, pas encore contaminée par le XXIe siècle, dépourvue de centres commerciaux aseptisés et riche en aventuriers. Espoir rapidement douché par la vue d'un gigantesque paquebot de croisière amarré au port pour déverser sa cargaison de retraités en chaussures Mephisto semi-ouvertes. À mon grand soulagement, le monstre marin s'éloigne quelques heures plus tard pour laisser Khasab à ma disposition.

C'est une cité aride cernée de roches stratifiées, comme si des couches de temps s'empilaient pour protéger les lieux. Les ocres et les beiges d'une architecture sobre se fondent dans le paysage. Maisons basses et crénelées, toujours ceintes d'un mur afin d'éloigner les regards. Mosquées modestes et élégantes, entourées de dattiers. Marché au poisson à l'embouchure d'un filet de rivière descendant du djebel. Enfants jouant dans la rue autour d'une chèvre morte.

Dans le petit centre-ville, les habitants discutent dans les cafés, s'interpellent sur les places. Les tenues sont simples et imprégnées de poussière. Le souk est paisible, peuplé d'Omanais furetant dans les magasins d'import-export concurrencés par l'ouverture récente d'un supermarché, à deux pas du fortin historique. Khasab : pas l'opulence, pas la misère. Une ville, en tout cas, où l'on peut se déplacer à pied.

Je pousse la porte d'un barbier, mu par un instinct atavique et la vision de mon reflet hirsute dans la vitrine. Dans un box individuel, une télévision diffuse un film d'action où un Jackie Chan bengali fait des merveilles pendant qu'un Pakistanais de Lahore malaxe mes joues avec des lotions mystérieuses avant de les débarrasser de leurs poils à l'aide d'un rasoir à l'ancienne. Je n'ai jamais été aussi bien rasé, je me reconnais à peine. Je ne suis plus tout à fait la même personne qu'au début de ce voyage.

À Khasab, l'évidence touristique commande d'effectuer un tour en boutre dans les criques émaillant le détroit. Émiratis en week-end, Occidentaux et Indiens en villégiature sont venus prendre un shoot d'air marin. Deux bateaux partent, l'un pour les Arabes, l'autre pour le reste de la planète. Des dauphins amusés et des contrebandiers indifférents empruntent notre sillage. Chèche autour du visage et ballots bien entassés, les trafiquants entament leur traversée vers la Perse. Dans leurs hors-bords légers et puissants, ils transportent tout un tas de camelote, appareils électroniques, objets quotidiens, moutons vivants, qu'ils dealent avec leurs partenaires de l'autre côté du bras de mer, dans cet Iran soumis aux sanctions économiques internationales. Ce petit business doit arranger tout le monde ; personne ne se cache.

De retour en ville, je vais chercher de l'ombre sur la terrasse d'une gargote aux chaises en plastique. Quatre hommes me proposent tout de suite de me joindre à leur dîner. Ce sont des pêcheurs d'un village voisin, casquette de base-ball ou turban sur la tête, teint gorgé d'iode et de soleil. Ils sortent leur smartphone pour me montrer un gros thon pris dans leurs filets. Ils interpellent le serveur, qui m'apporte le poisson du jour. J'ai ensuite droit aux photos de leurs voitures. Une discussion de bonshommes, il ne manque que le football. Pour enrichir la conversation, je les interroge sur leur famille.

— Je me marie dans deux semaines, émet l'un deux.

Je le félicite, il grogne une réponse monosyllabique. Manifestement, il n'a pas choisi sa femme – il est même possible qu'il ne l'ait pas encore vue – et l'idée de son mariage ne le transporte pas de joie. J'enchaîne sur ma propre famille. Je montre des clichés de ma compagne, de notre fils. Briser la glace. Ça marche à tous les coups. Sauf là. Ils détournent le regard, mal à l'aise. Je comprends que mon initiative est cavalière. Ici, on n'est pas censé voir les épouses des autres. J'ai fait un faux pas culturel. Ces types m'accueillent chaleureusement et je les embarrasse. Ils ne m'en veulent pas ; ils sont gênés pour moi. C'est comme si je leur avais montré des photos de ma femme à poil, chose que je rechigne à faire en temps ordinaire.

Je ne crois pas avoir vu une Omanaise depuis mon arrivée. Elles sont pour ainsi dire absentes de l'espace public, confinées au foyer. Les maisons de Khasab sont presque toutes équipées de paraboles. Que se passe-t-il dans la tête d'une femme assignée à résidence qui ne connaît pas son voisin mais voit les images du monde entier défiler dans son salon ? Quelle distance me sépare de ces hommes avec lesquels je suis attablé ?

J'oriente la discussion vers un sujet fédérateur.

— Et vous avez des mérous par ici ?

La pêche, valeur sûre, nous ramène à la légèreté. Je sais, ils savent que nos mœurs sont difficilement conciliables. Ça n'exclut pas la cordialité. Il faut s'accrocher à la part de lumière de l'autre car s'attarder sur l'ombre la fait grandir. Je préfère voir le verre à moitié plein, même quand on ne trouve pas de verre pour trinquer. Le seul moment où mes camarades ont failli se vexer est celui où j'ai tenté de payer l'addition. Le temps d'un repas, nous avons bâti, au-dessus de notre fossé culturel, un petit pont éphémère. Répétons cette scène quelques millions de fois, nous ne nous en porterons pas plus mal.

Reste à savoir si mon niveau de confiance en l'être humain a évolué à l'issue de ce voyage. Je vais attendre la réponse et le crépuscule sur le petit port, un livre en main, en jouissant de la lumière violette qui enveloppe les reliefs. C'est officiellement un bout du monde. Je ne peux pas vraiment aller plus loin, à moins de tenter de rejoindre l'Iran à la nage.

Les boutres touristiques sont à quai, les derniers pêcheurs rentrent à terre. Je cherche les contrebandiers dont je voulais observer le départ nocturne. Je ne les trouve pas. « Ils préfèrent opérer en plein jour, de bon matin. Là, ils dorment », m'explique un jeune homme qui charge des cartons sur sa barque avec la bonne humeur de ses vingt ans. Maillot de foot sur le dos, écouteurs autour du cou et moustache à peine fournie, il est curieux de ma présence.

— Qu'est-ce que tu fais ici ?

— J'attends.

— Tu attends quoi ?

C'est une belle question à laquelle je suis incapable de répondre.

Lui se rend dans son village, à quelques milles de là, pour approvisionner sa boutique.

— Tu veux venir avec moi ?

Pourquoi irais-je avec lui ? Je ne le connais pas, il ne me connaît pas. Je suis seul, dans une zone qui n'est pas la plus sûre qu'on puisse imaginer. Personne ne sait où je me trouve et la nuit tombe. Je n'ai aucune raison de m'embarquer avec un inconnu.

— Bonne idée. On y va.

Je saute dans le bateau. M'installe sur les cartons. Le moteur démarre. C'est une entorse aux règles élémentaires de la prudence. Il existe une possibilité pour que ce gars rejoigne des complices, me détrousse, me kidnappe ou me jette par-dessus bord. Cette possibilité existe, elle est infinitésimale. J'ai scruté son visage et je n'ai vu qu'un homme qui voulait montrer son village à un étranger. Je suis l'étranger qui a accepté de voir le village.

Peu aidés par le bruit du moteur, nous tentons de converser dans un anglais fragmentaire qui ne nous entraîne pas bien loin. Mon pilote est hilare, l'absurdité de la situation l'amuse. Il ne s'attendait pas à ce que j'accepte sa proposition et j'imagine qu'il se dit quelque chose comme : que fait ce mec sur mon bateau ? Je pourrais en ce moment ronfler sous une couette à Paris, siroter une bière dans un bar de Yaoundé ou gravir une montagne au Népal. Je vogue sur une coque de noix qui m'emporte vers une destination inconnue sur les rivages du golfe Persique. Sous ces eaux intranquilles gît un liquide noirâtre qui a bouleversé l'Histoire ; le sang de l'économie mondiale qui alimente les ambitions des hommes et hypothèque l'avenir de leurs enfants. Je laisse une main traîner sur l'écume, l'autre reste accrochée à la rambarde pour amortir le tangage. En contact avec les éléments, porté par les mouvements imprévisibles du chemin qui nous mène au jour d'après, je laisse filer le temps. Le vent salé caresse mon visage et éveille mes sens au cœur de la nuit, peut-être suis-je en train de rajeunir.

Au bout d'une trentaine de minutes, ou d'une trentaine d'années, nous accostons dans un hameau. Douze maisons. Quelques familles coincées au pied d'une falaise. Un réservoir d'eau livrée par voie maritime, faute d'accès routier. Un de ces villages éloignés des radars, comme il en existe partout et qui n'existent que pour ceux qui y vivent.

J'aide à débarquer les cartons de chips et de sodas qui viendront garnir les étagères d'une minuscule échoppe, quatre planches et un toit plantés au milieu du patelin. J'ignore le nom de ce village et je coopère avec ses habitants qui sont venus me saluer, pas mécontents d'avoir de la visite dans leur désert. Le boucan de l'époque a disparu, tout est paisible. Je ne suis pas plus mal ici qu'ailleurs, égaré dans un bled avec le clapotis du détroit d'Ormuz à mes pieds et la pleine lune qui éclaire nos routes. Une cheminée fume, je sais qu'un repas m'attend. Je suis le bienvenu dans un recoin du monde où je ne connais personne, sur une Terre qui appartient à tous. Je suis chez moi. Je suis chez nous.

REMERCIEMENTS

L'auteur a bénéficié pour l'écriture de cet ouvrage d'une mission Hors les murs Stendhal de l'Institut français.

Il a également reçu le concours de l'Institut français du Cameroun et de la Fondation Jean-Félicien Gacha.

Julien Blanc-Gras au Livre de Poche

Comment devenir un dieu vivant n° 33926

« La fin du monde, je ne suis ni pour ni contre. Je me borne à la constater. L'apocalypse est en cours et ce n'est même pas un événement. C'est un état. Voilà comment je voyais les choses à ce moment-là. En tout cas, il ne me venait pas à l'idée de pouvoir sauver l'humanité, ou alors seulement quand j'étais vraiment ivre. » Comédie apocalyptique, ce roman raconte l'histoire de William Andy, loser ordinaire devenu prophète médiatique en proposant des solutions pour aborder la fin du monde. Parviendra-t-il à contenir la catastrophe globale avec un show télé ?

Géorama (avec Vincent Brocvielle) n° 33670

Quel pays change de nom comme de chemise ? Quel est le royaume du bio ? Quel pays est interdit aux touristes ? Où faire ses courses avec un billet de cent mille milliards de dollars ? Quelle est la langue du Web ? Quel pays va couler ? Où trouver l'amour ?

Gringoland n° 33670

Lassé d'être un légume cynique observant négligemment le chaos contemporain, le narrateur part vérifier qu'un autre monde est possible. Sur les routes de l'Amérique latine et des États-Unis, il croise des travellers égarés, des rebelles zapatistes, des stars d'Hollywood, des chamanes foireux, pas mal de cinglés et un peu d'amour... Comment prendre ce monde au sérieux ? Y a-t-il un ordre caché dans le bordel ambiant ?

In utero n° 34452

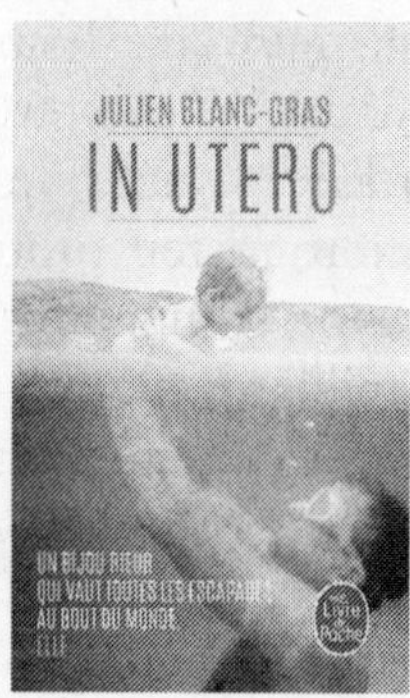

La grossesse du point de vue masculin. Journal de grossesse d'un futur père, *In utero* relate cette aventure intime et universelle, avec ses joies, ses angoisses et ses questions fondamentales. Faut-il se reproduire dans un monde surpeuplé ? Comment faire rire une femme enceinte ? Et surtout, peut-on accoucher en chaussettes ?

Paradis (avant liquidation) n° 33412

« Il y a des pays en voie de développement et des espèces en voie de disparition. La république des Kiribati est un pays en voie de disparition. Perdu au milieu de l'océan Pacifique, ce petit paradis semble promis à l'engloutissement par le changement climatique. J'ai organisé ma vie autour d'une ambition saugrenue, le quadrillage méthodique de la planète. Moteur : toujours voir un pays en plus. Ce qui se profile ici, c'est un pays en moins. Je dois m'y rendre avant qu'il ne soit rayé de la carte. »

Touriste n° 32993

Certains veulent faire de leur vie une œuvre d'art, je compte en faire un long voyage. Je n'ai pas l'intention de me proclamer explorateur. Je ne veux ni conquérir les sommets vertigineux ni braver les déserts infernaux. Je ne suis pas aussi exigeant. Touriste, ça me suffit. Le touriste traverse la vie, curieux et détendu, avec le soleil en prime. Il prend le temps d'être futile. De s'adonner à des activités non productives mais enrichissantes. Le monde est sa maison. Chaque ville, une victoire.

Briser la glace n° 34879

« Nous avons des cartes, nous n'avons pas de plans. » Un voyageur embarque au Groenland pour un périple en voilier à travers les icebergs. Seul problème : il ne sait pas naviguer. Parmi les plus beaux paysages du monde et dans un climat qui perd le nord, entre des baleines paisibles, des pêcheurs énervés et des Inuits déboussolés, l'auteur de *Touriste* nous entraîne dans un récit burlesque avec du phoque au petit déjeuner, des frayeurs sur la mer, de l'or sous la terre, des doigts gelés, des soirées brûlantes et une aurore boréale. Une immersion polaire tout en finesse par un écrivain-voyageur au ton unique.

Du même auteur :

GRINGOLAND, roman, Au diable vauvert, 2005.
COMMENT DEVENIR UN DIEU VIVANT, roman, Au diable vauvert, 2008.
TOURISTE, roman, Au diable vauvert, 2011.
PARADIS (AVANT LIQUIDATION), récit, Au diable vauvert, 2013.
GÉORAMA : LE TOUR DU MONDE EN 80 QUESTIONS, document, Robert Laffont, 2014.
IN UTERO, récit, Au diable vauvert, 2015.
BRISER LA GLACE, récit, Paulsen, 2016.

Le Livre de Poche s'engage pour l'environnement en réduisant l'empreinte carbone de ses livres. Celle de cet exemplaire est de :
200 g éq. CO_2
Rendez-vous sur
www.livredepoche-durable.fr

Composition réalisée par PCA

Achevé d'imprimer en France par
CPI BRODARD & TAUPIN (72200 La Flèche)
en avril 2019
N° d'impression : 3033661
Dépôt légal 1re publication : mai 2019
LIBRAIRIE GÉNÉRALE FRANÇAISE
21, rue du Montparnasse – 75298 Paris Cedex 06

87/1655/3